Finding the Next **Steve Jobs**

谁是下一个 乔布斯

寻找、留住、培养创意天才的秘密

How to Find, Keep, and Nurture Talent

［美］诺兰·布什内尔（Nolan Bushnell）著

［美］吉恩·斯通（Gene Stone）

任颂华 译

中信出版集团·北京

图书在版编目（CIP）数据

谁是下一个乔布斯：寻找、留住、培养创意天才的秘密 /（美）诺兰·布什内尔，（美）吉恩·斯通著；任颂华译. -- 北京：中信出版社，2018.11

书名原文：Finding the Next Steve Jobs: How to Find, Keep, and Nurture Talent

ISBN 978-7-5086-9454-2

I. ①谁… II. ①诺… ②吉… ③任… III. ①企业管理－人力资源管理－研究 IV. ①F272.92

中国版本图书馆CIP数据核字（2018）第206737号

谁是下一个乔布斯——寻找、留住、培养创意天才的秘密

著　　者：［美］诺兰·布什内尔　［美］吉恩·斯通
译　　者：任颂华
出版发行：中信出版集团股份有限公司
（北京市朝阳区惠新东街甲4号富盛大厦2座　邮编　100029）
承 印 者：北京楠萍印刷有限公司

开　　本：880mm × 1230mm　1/32　　印　　张：6.5　　字　　数：90千字
版　　次：2018年11月第1版　　印　　次：2018年11月第1次印刷
京权图字：01-2018-7328　　广告经营许可证：京朝工商广字第8087号
书　　号：ISBN 978-7-5086-9454-2
定　　价：39.00元

献给史蒂夫·乔布斯以及我生命中遇见的所有其他创意人才

目录

II

留住并培养

下一个史蒂夫·乔布斯

引言

1980 年，我的公司查克芝士生意蒸蒸日上，我感到钱包鼓鼓。于是我在巴黎的战神广场买了一所很大的房子，它就坐落在埃菲尔铁塔和巴黎军校之间。房子真的很棒——6 层，总面积约 1 500 平方米，带有大理石楼梯和地下游泳池。当时，我太太和我还没有买任何家具，于是我们想：为什么不邀请一些人来“填满”房子呢？

我们真这么做了。我们召开了一个大型的派对，邀请查克芝士和我另外一家公司雅达利中我所认识的每一个人，再加上我所有的老朋友。奇怪的是，出席在巴黎举办的这次乔迁庆宴的人，比出席最近在我加州伍德赛德家里举办的派对的人还要多。庆宴从黄昏开始，直到次日黎明时分才结束。

差不多晚上 9 点的时候，我往外望去，注意到雅达利原来的员工史蒂夫·乔布斯（Steve Jobs）就在门口。我笑了，而史蒂夫翻了翻白眼——我想他有点被这地方的大小惊到了。当时我正春风得意，史蒂夫则一如往常——那时他还算不上是一个很了不起的人。

“嗨，”我和他打招呼，“你能来，我很高兴。”

“你在巴黎开派对，我可不想错过，”他回道，“再说了，我也要放个假。”

我问他准备在城里待多久，他说会待几天。

“那我们明天一起吃早餐吧。”我建议道，他同意了。

随着我们谈话的继续，我注意到史蒂夫的外表与他在雅达利为我工作时相比有了改变——实际上，自那之后我每次见到他，他的穿戴都会更讲究一些，也更像成年人。当晚他还是穿着他常穿的李维斯 501 系列牛仔裤，但值得注意的是裤子很干净。还有就是他的头发虽然还很长，但他在露脸之前应该是洗过头了。

最重要的是，史蒂夫的举止毫无瑕疵。看上去他终于把自己变成了一个文明人。虽然他在雅达利时一直是个不错的雇员，但是没有人会说他很好相处。

此时，他的新公司——苹果已经非常成功了，销售额可能只比 1 亿美元少一点，但是和雅达利或者查克芝士赚的钱相比还差得很远。在 1980 年，雅达利能带来差不多 20 亿美元的销售额，查克芝士差不多有 5 亿美元。我那时还不认为自己拒绝拥有苹果 1/3 的所有权是件太糟糕的事情——虽然我现在开始认为那最终可能会是一个错误。

我很为史蒂夫感到骄傲，觉得我的帮助也是他成功的一部分原因。雅达利帮了他不少。比方说，我们向他提供计算机配件，允许他以成本价购买微处理器——事实上，早期苹果公司几乎所有的部件都来自雅达利，而且（雅达利）没有加价。再者，苹果公司调制器是一个很有趣的设备，能让第二代苹果电脑连接电视机，这一产品也是基于我们已有的设计。

史蒂夫和我一起度过了第二天。我充当向导，带他去我最喜欢的那些地方，其中就有双叟咖啡馆。我们在那里坐了好几个小时讨论创意。我对他说，巴黎给我带来了那些最好的想法："这个地方有一些特质，在这儿进行伟大想法的思考最好不过。"他表示赞同。

我们又花了几个小时在市内走动。我不断指出自己喜欢访问的场所，但史蒂夫最感兴趣的两件事情就是他感觉到的各种创意以及各类建筑。

"看到这么多创意真是妙极了，"他说，"这么多人做着自己的事情，而且显然是以此为生。"他详细地谈到历史上巴黎作家和艺术家的沙龙。然后他补充道:“计算机会让更多的人变得富有创意。”

在这段时间，史蒂夫开始将计算机看作我们“大脑的自行车”。“你看那些跑得最快的动物，人类并不在其中，”他说，“除非你给他们自行车，那人类就能赢得比赛。”

城市的建筑也让他着迷，他在这些建筑中看到的是设计上的简单和统一：很多都是7层或者8层，用类似的黄石建造，散发出来的优雅和一致给人的脑海中注入一种和谐之感。

要我想象巴黎如此简单和统一有点难。但史蒂夫的观点是，你可以背着降落伞降落到这个城市的任何一个地方并认出你不在别处而是在巴黎。“能让你做到这点的城市不多，”他指出，“这里的建筑为整座城市创造了一个独一无二的签名。”

巴黎的简单是他想让苹果公司模仿的某种东西。

边走边聊了一整天后，我们再次坐到咖啡店里。我点了一杯卡布奇诺而史蒂夫点了一杯茶——他是个老茶客。我问他:“你觉得苹果公司做得怎么样？”他坦承自己担心公司还不够有创意。他对现在的产品不满意，还想知道下一波计算机会“长”成什么样，新潮流又会带来怎样的新创意。

“你到底是如何想象出‘下一个大事件’是什么的？”他问道。

我回答道：“你必须清楚地知道发生的一切，开放心态去适应它。拿你的情况来说，你要做的是去发现人们喜欢的是主机最近更新的哪些方面——价格对主机来说不是问题，要想出一个方法让这些东西变得既便宜又容易被获得。”

“对，那正是我在做的。”他回应道。他告诉我这正是当时有着最顶尖水平的第二代苹果电脑所要做的，“让计算机的能力可以被理解”。我表示赞同。从很多方面来说，第二代苹果电脑系统比10年前的IBM（国际商用机器公司）主机系统要强劲得多。

史蒂夫和我讨论了很多其他与计算机相关的话题，从处理速度谈到16位架构。最重要的是，我们试图预测未来。史蒂夫完全沉浸在苹果产品的更新上。“我们如何能在这场游戏中保持领先呢？”他想要知道答案。

我说：“你要想出办法把自己置于未来，然后问自己‘我想让我的电脑做什么’，再问自己‘有哪些事情它现在做不了，但我真的想让它去做’。”

他点点头：“我们正尝试这么去做，但是不容易。要找到能这么想的人太难。”

他也坚信他的竞争对手一直在模仿苹果公司，他愤怒地说：“整个计算机领域到处都是寄生虫，随时复制我们推出的任何东西。”

我告诉他，模仿是赞美的一种形式。他也表示理解。

然后他叹了口气：“所有人都指望我想出所有的想法。要建立一个强大的公司，这样可不行。”

他接着解释道，他需要公司产生更多的创意。我们都意识到创新是未来的关键，创意源自苹果公司所有人的才华，不仅仅只是来自那位最上层的人。

我当时就意识到，史蒂夫·乔布斯本人相信，他不得不找到替代自己的下一个史蒂夫·乔布斯。

这天的其他时间都被我们花在了讨论与创意相关的问题上。那时，我给史蒂夫提了很多建议，他记下了不少。我一直在想，我也应该将它们写下来，编成一本书出版。

现在已经是30年后了，我做到了。

***

史蒂夫和我讨论的想法之一是“规则”这个概念。我们都不认为创意能在有着严苛规则的情况下长存。因此，你要看到的这本书没有任何规则。相反，它包含了“点子”

(pong)。

之所以我要用“点子”这个词，是因为这让我有机会重新向大家介绍源自我和我朋友——工程师艾尔·奥尔康（Al Alcorn）在1972年发明的电子游戏中的一个词。

“点子”是一个建议（就本书而言，是一个用来帮助提升创造力的建议），只适用于该建议有用或者有必要的情形。这点和规则不同，因为规则会认为它自己对任何情形都适用。

这大概就是大部分规则都派不上用场的原因。情况是不同的，灵活性总是有必要的。如果你试图对所有人和所有的情形都采用相同的规则，你会发现你是在一块贫瘠的土地上耕种。在那种环境下，创意会枯萎而死。一直应用僵硬的规则会扼杀想象力。

比方说，我还是雅达利CEO（首席执行官）的时候——那时我还年轻，也还能尝试制定规则——我们有一个规则是员工不可以将他们的宠物狗带入办公室。毕竟，即使没有将犬科动物带进来，工作场所也够乱了。但是，后来我们碰到一位才华出众的工程师，他太喜欢他的狗了，坚决要求能带它来上班，否则，他只能拒绝我们的聘用，另谋高就。如果我们没下决心取消那条不准带狗的规则，我们就不能聘用这位员工并将他出类拔萃的创意才能带入我们的团体。

但是，建立一个例外并没有解决问题。其他人看到此人带狗上班后，他们也想带自己的狗进办公室。我们不得不找到一个有创意的方案，才能避免让工作场所变成狗舍，于是我们做出了一个睿智的决定：不允许其他人每天带狗来工作，但是他们可以在特殊的场合下带狗来工作。大家都同意这个做法。问题也就解决了。

（后来的故事是，我们都太喜欢那位工程师的狗了，决定“聘用”它，给了它一个胸牌和一个员工号。然后我们宣布，只要够格，其他特别的狗也可以申请并受聘做某个工作。又一个规则被破坏了。某天我会写一本书，讲讲如何聘用富有创意的狗。）

事实就是，没有什么规则可以不加分别地适用于所有人——这条规则是“没有规则”这条规则的一个例外。

那么，接下来会有51个点子帮你和公司建立一个创意繁盛的环境。

为什么需要创意？

因为正如史蒂夫和我那天在巴黎讨论的那样，没有创造力，你的公司就不会成功。这个概念也许听上去不那么令人吃惊，但令人吃惊的是很少有公司意识到这一点，或者真正就此做了些事情。创意是每家公司的首要驱动力。创意是一切开始的地方，是能量启动和迈步前行的地方。如果缺失创意这个第一驱动力，其他一切都不会发生。

当然，有些行业比其他行业更知晓这个要求。好莱坞、游戏行业、出版行业的主体都必须在各自的市场中保持领先。*Pong* 是个很棒的电子游戏，但要是玩了上万次后，你还会想试试别的游戏。《星球大战》是一部很不错的电影，但只要你看过（也许上万次），你会做好准备去迎接全新的影院体验。在娱乐行业，创造力不仅仅是团队中的重要部分，而且是关键部分。

几乎所有其他类型的公司一样依赖创造力。它们只是不知道。

之所以要依赖创造力，是因为存在竞争。几乎所有公司都会面对某种形式的竞争。你所有的竞争对手都在尝试改进产品、改善服务、增加概念；它们在创建新的市场，改进流程、降低成本，让它们的业务更有效率。这是那些成功企业在做的。不这样做的那些企业某天醒来，不可避免地发现它们被压制、被战胜、丢了生意。正如管理学专家彼得·德鲁克（Peter Drucker）所言："可持续竞争优势的唯一来源是比你的竞争对手学得更快的能力。”

成长速度很重要。公司慢慢演变、对其在业务领域中的定位进行若干年研究然后慢慢改变的时代一去不复返了。如今，公司必须每过几年就进行翻天覆地的自我革新，才能保持与时代同步。

这是因为技术和互联网已经永久性地转变了业务环境，每年的变化速度都在加快。回头想想过去几十年发生了什么：以往需要 3 天才能投递到信箱中的一封信件，如今只要 3 秒钟就能抵达收件箱；以往需要昂贵的电传机进行传递的跨洋订单，如今在智能手机上按一下就能完成；以往需要几周的筹备、经过长途旅行才能进行的面对面会议，如今通过 Skype（一款即时通信软件）就可以马上召开；曾几何时，如果你想在市场上测试某个想法，需要花费 3 周甚至更长时间来搜集并分析数据，如今你能用一个下午的时间把想法编成代码并在互联网上进行测试。

想法的出现速度加快了，知识的流动速度加快了，竞争对手的反应加快了。所以你或者你的公司在做什么其实无所谓。你必须要做的是改变、改变、再改变。也许你卖肥皂卖得很开心，消费者永远需要肥皂，但是他们想要的肥皂类型会变化，肥皂的包装、香味和在他们生活中充当的角色也会改变。

随着世界的改变，你需要确保整个公司在塑造产品时符合新的社会形态。不管你想不想要，新的社会形态正在来临。创意是公司在这个新世界中生存的关键。

因此，所有公司都有必要确保自己在不断提升，因为公司需要时间将新的流程或者项目有效地推送到市场。没有公司能在极小的空间里做出创新。公司必须具有快速反应能力，而该能力只有在创意繁盛时才可能存在。

另外，对创意的开放心态必须在公司各个层面都存在。创意不能只存在于某人身上，甚至也不能仅在几个人身上显现。它必须根植于整个公司中，否则就不能在任何地方开花结果。

找到问题的人是创意链中的一部分。想出解决方案的人、执行该方案的人与通过生产或营销将这个方案带入主流市场的人也是如此。

所有这些类似DNA（脱氧核糖核酸）的连接必须存在，创意之果才能繁盛。每个牵涉其中的人以自己的方式发挥创意。所有人必须能够完成自己的那部分工作，否则将一事无成，人们的想法只能胎死腹中。

举个例子，我记得5月某个美好的周日早晨，史蒂夫·乔布斯来到我在伍德赛德的家。史蒂夫用他自己带来的古怪的印度茶包泡了一些茶，而我照常喝的是浓缩玛奇朵。之后，我们散步来到我屋子后面的红杉林，坐在我们最喜欢的石头上。他提到他因苹果的创意而获得了过多的赞誉。我告诉他说这种感觉很自然，而且自从我开始运营雅达利，这种感觉就一直在我身上出现。人们总是将发明*Pong*游戏的成就归结到我身上，但事实上，艾尔·奥尔康做了大量创新，才使得这个游戏如此伟大。

我真正做的，是看到这个游戏有巨大的市场，然后开始实施我创造出来的计划。类似地，我告诉史蒂夫，也许苹果联合创始人史蒂夫·沃兹尼亚克（Steve Wozniak）的计算机设计确实有开创性，但其实是史蒂夫·乔布斯本人看到了它具备的所有潜力。"你们二人都负责将产品推向市场，谁因这个创意而获得认可其实根本无所谓。"

创意必须在整个公司中自由地、不受限制地流动，而且要一直有人（从链条最顶端的史蒂夫·乔布斯一直到底层那些具有史蒂夫·乔布斯的潜质的人——这些人迟早会成为你未来的架构师）就位并一直主导创意的流动。如此创意才能成功。如果没有这些人来启发你的想象力和公司，公司就没有任何未来。

再次发明

很多成功的公司最终消失，是因为它们不能与时俱进。但如果别的公司能再次“发明自己”，就会持续繁盛。以珠宝公司蒂芙尼为例，它一开始是一家文具商店；手机厂商诺基亚曾经是一家造纸厂；控股集团公司伯克希尔·哈撒韦一开始是一家纺织品制造商；Kutol Products 曾经是一家位于辛辛那提的肥皂厂，也生产墙纸清洗剂，清洗剂的生意逐渐萧条，于是公司转而生产名为培乐多的可爱的小玩具，并销出 20 多亿罐；还有设计了超过 55 000 种不同的产品并推向市场的 3M 公司（最早叫作明尼苏达矿业与制造公司，销售碳化硅），这家公司基本上每过 10 年就会重新“发明自己”一次，差不多公司年收入的 1/3 来自上市不到 5 年的产品。

I

寻找并聘用下一个
史蒂夫·乔布斯

1

把工作空间变成公司的广告

雅达利并没有主动去找史蒂夫·乔布斯，我们在做的只是让史蒂夫容易找到我们。一家好公司是它自己全天候、不间断的广告。

回到20世纪70年代中期，雅达利算不上一般概念上的大公司。我们的环境很古怪，能让富有创意的人生存，这些人就成了公司的活的、会呼吸的广告牌。他们谈了许多雅达利的事情：它做了什么，产品是什么，但谈得最多的还是在这里工作是多么有趣。

比方说，有一段时间大部分公司的大厅都温暖、平静得像是太平间的大厅一样，但我们的大厅其实就是一个电子游戏厅。我们靠街机游戏过活。为什么不提供游戏让每个人都能玩呢？每个人都在玩，而且都爱玩，还告诉了他们的朋友。

实际上，整个大厅非常古怪，它用红杉和蕨类装饰，看起来你好像进入了异域森林而不是一家公司。这也帮助我们创造了公司形象：一个充满想象力的地方。

（我不知道谁应该为搞出类似亚马孙森林的入口这件事负责，不过那不是因为我记性不好。在雅达利，高层授权员工无须得到许可就能采取有趣的行动。因此，虽然我很肯定某位非常有才华的人创造了大厅的氛围，但我很可能永远不会知道他到底是谁。）

雅达利所做的一切都显示出它有一个有趣、好客的环境，但也许哪件事都不能比我们在公司后面卸货区举办的周五啤酒畅饮会更明确地展露出这点。派对中会有几桶啤酒、一些比萨、一些音乐，所以其实花不了多少钱（偶尔我们最多花上 50 美元请一支现场乐队）。这样的狂欢是对完成销售指标（我们总是能做到）的奖励，也是把所有人聚在一起的好方法——这确实对所有人（从最高层的管理人员到刚刚加入生产线的员工）都有意义。我们聚集在一起，畅饮啤酒，度过再美妙不过的时光（见点子 21）。

这样的派对成为公司文化的代名词。很快，我们就会邀请我们正考虑聘用的人。这样的做法让我们有机会观察此人在放松环境下的表现，更重要的是，这让他（她）有机会体验这个公司是多么有趣。

如今，如果你想要更多地了解一家公司，你会访问公司的网站。通常你会被指引到一个页面，这个页面邀请你去更多地了解这家公司和聘用机会。毫无疑问，那是你这辈子访问过的最无聊的页面。看过一眼后，你就明白，为这家公司工作一定会非常可怕。

我现在就能想到有那么几家公司其实没那么糟糕，但是它们的网站太呆板，没有人会因受到网站吸引而申请去那里工作。如果你想招到一些普通员工，那你可以通过建立普通场所的方式来推销你的公司。如果你想要创意员工，那就要展示出创意。但很少有公司愿意那么做，大部分公司不愿意冒险，于是它们的网站上就只能展示出萧条。

公司形象要么是一份招聘广告，要么是一个失败的公关作品。你要考虑为其命名。当两位史蒂夫（乔布斯和沃兹尼亚克）尝试给他们的计算机公司命名时，乔布斯正在一家位于俄勒冈的集体农场做兼职，而且他吃的是水果食谱。他觉得“苹果”听起来很平和，对用户也很友好，这些正能反映他们计算机背后的设计哲学。但是在这两人宣布他们的选择后，这个名字广受嘲笑。人们说，公司名字应该像“惠普”或者“国际商用机器”那样具有庄严感。“苹果”？太蠢了！但从长远来看，“苹果”这个名字对创立并维持其创意公司的形象有着巨大的帮助。

这个名字中嵌入的趣味性渗透在公司的整个历史沿革中。苹果公司的形象得到认真的培育，代表了一个制造时尚产品的时尚公司。这一形象很快就成为一个自我实现的预言。

“公司就是广告”这个概念一旦被正确贯彻，就能让你维持一个创意生态系统，从而吸引创意人才——他们既是客户又是员工。

另外一个向世界表明你的公司既有创意又很有趣的方法是采用古怪的头衔。谁会想要再来一堆执行副总裁、助理总经理？TOMS这家位于加州的公司每卖出一双鞋就向一位有需要的儿童赠送一双鞋，它就没有那些传统的职位名称。创始人布雷克·麦考斯（Blake Mycoskie）是首席赠鞋员（Chief Shoe Giver）。其他职位包括鞋胶水（Shoe Glue）、坦率的鞋匠（Straight Shoeter）、鞋伙计（Shoe Dude）和每女一鞋（Shoe-per-Woman）。

另外一家以自身为活广告的公司碰巧也是卖鞋的。它就是线上零售商美捷步。公司总部靠近人力资源部的地方放了一个标志牌，上面有一个留着鲻鱼发型的男人形象，标题是“谈业务往前……开派对往后”。访问公司网站职位页面的人会发现一个古怪的“美捷步大家庭音乐视频”，员工们在影片中转着呼啦圈，做着后空翻，穿着热狗和番茄酱瓶样式的服装。页面上还特别强调了玩具枪战游戏、卡拉OK以及大吃奥利奥比赛的内容，作为公司文化的常规标识。美捷步有着“工作最有趣的公司之一”的美名，这意味着只有1%的申请人能真正得到聘用。

生活中的大部分事情都是关于创建一个合适的生态系统。所有人都有属于自己的那一个生态系统。我有一个，你也有一个。你的价值是什么——你能代表什么？你的激情何在？你有怎样的怪癖？最重要的是，你能在怎样的环境中生存？所有的这些特征都将定义你个人的生态系统。与此类似，公司所具备的生态系统反映出CEO、管理层以及一般而言最早的一批员工所做出的选择。公司的生态系统也成为公司本身活生生的、会呼吸的广告。

公司最早的那十几个人构成核心种子，公司文化将由这个种子发展成型。十几个人已足够促进某种动态变化，超过这个数字后，其他人可能就会转而遵守他们后来建立起来的气氛。然而，在我的几家公司中有那么一两个局外人，我发现如果不去处理他们、改变他们或者尽早将他们除去，他们就会变成一个有毒的豆荚，在公司内部长成一个萎缩的分支。

我曾经尝试改变整个公司的DNA。在20世纪90年代早期，我收购了一家公司。它能制造出一些有趣的产品，但也有着糟糕的公司文化。公司业绩已经连续5年下滑，大部分创意人才都离开了。我应该辞退90%的员工，但我没那么做，因为我觉得我能扭转这家公司。然而我错了，那些员工似乎就是无法改变自己的工作方式。对于每一个被提出的改进方案，就有5个人抗拒这一改变。公司的生态系统已经被污染了，这是我最糟糕的一次失败。

秘密

人人都喜欢秘密。创意人才是真的喜欢秘密。他们都很有趣、富有想象力，并能为任何公司文化带入刺激感。苹果公司一直都在培养这种秘密文化。作为一名苹果公司员工，你可能知道你那些不在苹果公司工作的朋友拼命想要了解公司的下一个产品是什么——即使你自己也真的一无所知。你甚至不必非要知道秘密才能找到乐趣——其他人会假定你知道，由于你什么也不说，你就是安全的。

其他一些公司也会这么干，比如电子游戏行业中的动视公司和艺电公司。它们藏起下一个游戏革命的特性，而员工也对他们不该谈起这些表示乐于接受。如果你还在文法学校，那么知道一个秘密对你来说是很有趣的。你成年之后，这依旧有趣。

2

采用灵活的点子

管理创意人才就像是养猫。你反复尝试，但到后来还是没能成功。所以，不要在公司里建立令人沮丧的规则，要创建一个以其灵活且原创的“点子”而为人所知的组织。创意人才会走出他们慵懒舒适的小窝，寻找可以定居下来的地方。你永远无法真正控制他们，但如果你给他们一个良好的工作环境和宽松的规矩，就可以激发出他们优秀的表现，使得你、他们、你的公司和你的股东都非常开心。

另外一种做法是设定一个僵化并且标准的环境，那么喜欢它的人只有那些已经很僵化、定型的人了。

举个例子，乔布斯刚开始为雅达利工作的时候，他希望能在办公室过夜。公司场地一直有警卫和警报装置。如果有人睡在桌子底下，在凌晨 3 点的时候走来走去，警报装置就会不停地发出刺耳的“嘟嘟”声。因此，规则是不可以在办公室里过夜。

但史蒂夫不肯让步。他必须在工作的地方睡觉，否则他就会辞职。他的朋友史蒂夫·沃兹尼亚克也这么认为。但是，我们的保安队长同样不肯让步，认为我们不应该允许这样的行为。不过到了最后，我们决定允许员工在公司过夜，只靠警卫而不是警报系统来进行安保工作，因为我们想要为这两位史蒂夫创造一个舒适的环境。

不久，两位史蒂夫带来了日式床垫，把它们放到桌子下面。这样他们就能一直工作到凌晨3点，再睡上5~6个小时。但是没有地方给他们淋浴或者洗澡。

我们发现一旦允许员工在公司过夜，其他几个上下班路途较远的员工也更喜欢在公司过夜。于是我们又多迈了一步，在一个卫生间中添加了淋浴装置。某些员工其实喜欢盆浴。因为这一点，我们也很喜欢他们。

我们的工程师都很喜欢这种新的自由规则。他们留下来，想工作多久就工作多久。曾经有那么一次，在一个特别紧张的展销会开始之前，我们有超过20名的员工因工作到很晚所以睡在了公司。那样的生产力真是太了不起了。

在我另外的一家公司，我对灵活性规则越来越强烈的认识经历了一次极端测试。我发现火炉后面的一间空屋被两个工程师占用了，他们决定全天都待在那里。他们已经搬了一些他们的东西放在那，买了一个电炉，且因不用支付房租和交通费用省了不少钱。我决定让他们就这么办。从某些方面来看，这就是如今成为初创公司特征的“生活和工作一体”的带阁楼办公空间。如今不少的硅谷公司有休息舱，允许员工在必要的时候任意加班。

（据说，高科技公司中的不少人无法在生活和工作之间取得平衡。对这个问题，有另外一种看法：他们的工作太有趣了，很难分辨什么是工作，什么是玩乐。创意项目就能产生这样的兴奋感。）

要点在于，如果你试图让你的公司更有创意，你要松开那些死板的规则，给你的创意人才空间，让他们去延展、去成长。创建一家因此而为人知的公司，那么创意人才就会找到你。

注意：点子能进行管理，而规则一般而言没有立足之处。但是在偶然的情形下，规则必须保持。比方说在雅达利，装配部门有一位员工希望能在上班的时候带枪。公平地说，我们在立刻回绝之前确实考虑过这个想法。但正如那位持枪者的经理所指出的那样：与一位不持枪的员工相比，一位屁股底下垫着一杆枪的员工管教起来困难多了。不准携带武器的规则仍然有效。所以说，哪怕是“没有规则”的这条规则也不能被认为是一条规则。

3
富有创意地做广告

有一段时间，工作岗位信息被直截了当地发布：你在报纸上发布一个广告，希望能有最好的结果。但是不管用了什么文字，大部分公司的广告实际上是在说："招聘中层经理来做乏味的工作。待遇低。其他别多问。"

在雅达利，我们决定采用不同的方式，我们采用的广告口号是："玩游戏，赚工资。"这给我们带来了很好的效果，类似的还有这些口号："开发能赚钱的游戏，并从中分一杯羹"，"每天都将工作和玩乐混为一谈"，还有"为了快乐比以往更努力工作"。

我们还有一个被称为"长休假"的程序：每当为公司工作满 7 年，员工会得到整个暑假的休息奖励。我认为每个人都需要时间来重启一下。于是我们就这样打广告："每 7 年就有一个欢乐的暑假，带薪哟！"

这给我们带来了很好的效果。

一个寻求帮助的广告实际上就是你整个公司的广告。你不能随意地发布一个广告，说明若干事实。你需要创造一个独一无二的外观、氛围和口号。因此在查克芝士，我们会投放好玩的广告：“为老鼠打工，赚好多芝士”，“做面团，找乐子，开心玩，赚面团”，“制造会说话的老鼠”。

这里有一个事实：有趣的人似乎比无趣的人更有创造力。

如今，除了报纸还有不少地方能做广告。你可以在 Craigslist[①]、谷歌网站和 Monster.com[②] 中随意挑选一个。但如今这个求助的环境太拥挤了，你的广告不大可能引人注目，除非你做了协调且富有创意的努力。不幸的是，大部分公司还不那么有创意。

我已经准备好为我的下一家公司进行招聘。我开始招聘的时候，要制作一个奇怪却不寻常的优兔（视频网站）广告。每家寻找创意人才的公司都应该考虑制作一系列古怪且有趣的视频，让它们有可能被疯狂传播。这些视频可能很糟糕，甚至很业余。但是它们会得到关注，并让人知道你的公司有幽默感（以及一帮糟糕的演员）。

---

① Craigslist 是由克雷格 · 纽马克于 1995 年在美国加利福尼亚州创立的一个大型免费分类广告网站。——编者注

② Monster.com 是 1967 年在美国成立的一家专业招聘网站。——编者注

我还想让这家公司的网站和岗位页面富有活力、有趣、充满诱惑力。我们可能会展示最近招聘的职位，而此“人”是一只拉布拉多猎犬。我们甚至也可能把申请流程变成一个游戏，算是对大部分公司采用的愚蠢招聘方式的讽刺。或者，我们会让现在的员工来制作一个视频，这个视频要有趣或者古怪，用来表明公司里的人知道怎么找乐子。再说一次，那不一定是制作精良的视频，只要有趣就行。如果你能让潜在的员工会心一笑，你就已经走在了找到你的创意人才的道路上。

不久之前，计算机游戏公司Red 5 Studios在iPod（苹果公司推出的音乐播放器）上录制个性化信息，再送给公司最想要的100位潜在招聘对象。这家游戏公司用这种方式来接触其他公司的人才。这么做之后，公司完成了3个主要职位的招聘，花费比采用传统招聘活动时低得多，而且从所有人那里——除了那些员工的原公司——得到了大量的正面注意力。

我再举一个例子。广告公司BBDO的德国分公司正想从一所大学中招聘撰稿人，其采用了大众传媒的方式，但是有着创意的元素。这家公司玩的概念是，年轻艺术家通常会在一张餐巾纸上涂鸦出他们的第一部大作。公司将招聘信息印在餐巾纸上然后在大学的咖啡厅里分发。在发出 2 000 张餐巾纸后，公司接到了大概 400 个电话。

还有一个我最喜欢的：家具和家居公司宜家家居的澳大利亚分公司在众多产品的包装中放入有趣的“职业规划组装指南”作为员工招聘的广告。公司声称，从此项活动中其收获了 4 285 份申请，并完成了 280 个职位的“组装”。

当然，响应这样的招聘广告的创意人才也可能会采用一种非正统的回复方式。有人告诉我这么一个故事，一位刚被聘用的年轻人被老板叫进办公室。“在回复我们的招聘广告时，你告诉我们你有 5 年的经验，”老板说道，“我们查了你的背景，据我们所知，这是你的第一份工作。你该怎么解释这个问题？”

年轻人回答道：“呃，你们的广告说要找非常有创意的人啊。”

4

招聘有激情和肯投入的员工

如果存在那么一个特征，将史蒂夫·乔布斯与其他雇员区分开，那就是他的激情。史蒂夫只有一种速度：全速。

这也是我们会雇用他的首要原因。

如果你出于某人的投入而雇用此人，你可以围绕他建立一整个部门。比方说，我曾经招聘过一位女性来我们公司，而她几乎没有任何业务经验。虽然她只有 19 岁，但是她热情洋溢的本性是如此耀眼，于是我们聘用她来帮我们组织展销会。不管距离该活动开始的时间多么紧迫，这位女士总是能让每块地毯都被吸完了尘、每个盒子都被开了箱、每个显示器都被设置好了。她 20 岁的时候已经在运作一个部门。如今，她开设了自己的公司。

雅达利成功背后的其中一个原因就是，我们总是在寻找并招聘这样的人。你可以用公司的方式来培训员工，但是你无法培训他们的激情。从长远看来，具有激情的人会对你的企业做出最大的贡献。

不久前，我在一次思享会上碰到一位女士。思享会是在洛杉矶举行的一个沙龙，电影、电视、技术以及建筑领域的专业人士每个月聚在一起，聆听演讲，开展社交，一起度过一段美好的时光。这位女士把我堵住了，获取了有关我目前进行的教育项目的很多信息。我几乎感觉自己在被一名政府官员审问。

我根本想不出为什么我会把那么多秘密告诉她。但是在听完我不得不透露的东西后，她滔滔不绝地提出了 20 条卓越的市场建议。讲到最后，她问我要一份工作。我被她的投入感动了，当场就聘用了她。她是我新的教育公司的种子之一，现在管理我们的网络平台并运作我们的市场部。她也只有一种速度：全速。

你如何找到激情？这有点像美国最高法院助理法官波特·斯图尔特（Potter Stewart）对色情文学做出的评论："它很难被定义，但你看到之后就知道了。"能看到激情的第一个地方是眼睛。乔布斯经常会直视对方的眼睛，毫无躲闪、全神贯注地当面盯着对方眼睛看。在面试的时候，充满激情的人不会躲闪。和史蒂夫一样，他们会看着你的眼睛，知道他们的工作就是说服你雇用他们。

富有激情的人在面试讲话的时候，他们不会闲聊自己的事情或者问你很多问题；他们会滔滔不绝地谈论公司。他们做过一些研究，知道自己要讨论什么。这就几乎像是他们还没进公司大门时，脑海中就有一个脚本在运行。他们有备而来，其讨论的是想法而不是他们的简历。

与之相反，判定申请人有无激情的最佳方法之一就是听他们如何描绘自己的生活。缺乏激情的人有成为抱怨者的倾向。针对他们之前的若干雇主问一个问题，你会发现很多东西。

比方说："你为什么被前一个雇主解雇呢？"

好的回答是："我的技能不适合新的方向，加上我学得不够快。都是我的错。"

坏的回答是："我的老板就是对我有成见。"

再换一个问题："为什么你的分数那么糟糕？"

好的回答是："我参加了太多的聚会。如果我早知道得到好分数有那么重要，我就不会那么做了。"

坏的回答是："我的父母不为我的学习埋单，所以读大学的时候，我只能打两份工。"

某些理由可能是真的，但不是富有激情的人自我展示的方式。富有激情的人谈论他们想要什么，能做什么，不会为还没有做什么事情找借口。

你在会见潜在雇员的任何时候——不论是一次鸡尾酒会还是一次正式的面试，你需要请他们谈谈他们的激情。对那些毫无激情的人而言，沉默的结果将是令人痛苦的。而对有激情的人来说，那就像是看到水库决堤。你会得到如海啸般涌来的信息，谈论的是你直到那时还一无所知的东西。但是那没有关系。说了什么远不如怎么说出来重要。一个人可以对任何事情——从土豚到柴迪科舞——抱有激情。哪怕这和你的使命相悖也没有关系。你可以接纳这份激情，融入你的目标之中——要是没有激情，你又怎能创造激情呢？

5
无视证书

我相信，我们正在由一个看重证书的社会转变为一个看重价值与绩效的社会。

比方说，有时候大学学位就真的是一个很没意义的证书。它可以告诉你的是，某人具备某种程度上的“咬牙努力”精神，成功地完成了学业，却无法告诉你太多别的东西。某人大学毕业这件事本身也不能表示此人有智慧。证书也许意味着某人很聪明，或仅仅意味着他知道如何通过考试，但在收集了一堆优良成绩后，就忘记了所学的一切。

这么多年来，我发现不少顶尖的创意人才都没能从大学毕业。乔布斯退了学，沃兹尼亚克也是。还有微软的比尔·盖茨（Bill Gates）、梦工厂的大卫·格芬（David Geffen）、脸谱网的马克·扎克伯格（Mark Zuckerberg）、高级定制服饰设计师加布里埃·香奈儿（Gabrielle Chanel）、动画片制作人威廉·汉纳（William Hanna），以及其他很多人。

我不是主张人们不要读大学。大学会是一个很美妙的体验，不论是在教育方面还是社交方面。我主张的是雇主别再用大学学位作为雇用员工时“一锤定音”的资格标准。坚持要求所有的求职者都有大学学历太蠢了。不少创意人才很难忍受与获得学位牵扯在一起的那种又蠢又忙的工作。

有趣的是，2008 年在《市场营销教育杂志》（*The Journal of Marketing Education*）上刊登的一项研究表明：学生在其相关专业学到的大部分知识在两年内会被遗忘殆尽。事实上，在课上获得A的学生相比获得C的学生忘得更快。

比起问求职者那些很明显的问题（他们的背景、课程、老师）——每个人都能回答这些问题，尤其是在他们已经经历过多次面试之后——我更喜欢问一系列他们可能答不上来的古怪问题，但是他们可以基于一系列符合逻辑的假设进行一些有趣的猜测。

比方说，我经常问潜在员工，中国每年要食用多少吨的大米？这个问题考的是中国人口以及某人一顿饭可能吃掉多少食物的知识。大部分聪明人都可能得到一个不会太离谱的数字。其实我也不知道正确答案是什么，但我并不在乎。对我而言，更重要的是有机会观察某人解决问题的过程。

请尝试一下：提出那些真的需要人们去苦苦思考的问题，

注意观察他们怎么思考。（关于提问的更多内容，见点子 19。）

还有一个我喜欢采用的测试是：把一个人留在一个房间中，他可以获取资源但是不要让这一点显得太明显。你需要观察的是他们如何找到答案。如今我让应聘者可以访问互联网，而在没有互联网的时代，我会留下几本参考书和一部电话。我对应聘者说，他们如何得到我的问题的答案与得到答案相比不足一提。打给图书馆或朋友的是足智多谋的人，而想不出怎么做只是靠猜的人就不是如此。

在和工程师打交道时，我不提问，但可能突然要求他们给一对分别安在楼梯顶部和底部的灯泡的电源开关配对。这是个十分简单的把戏，但如果某个工程师缺乏想出如何完成该任务的好奇心，那就向我证明了此人也许不过是个培训出来的工程师，缺乏真正的科学知识追寻者所应有的DNA。

通过这些不平常的问题和测试，你试图发现的是一个兼具好奇心和足智多谋的人。我还没见过哪个创意人才不是超级好奇的。好奇的人总是兴趣广泛，对众多迥异的领域和主题有广泛的知识。这个特性与大学无关，与先天的智慧息息相关。

6
寻找爱好

发现潜在应聘者具备创意激情的最佳方式之一是询问他们的爱好，特别是那些要么困难、要么复杂，在某种程度上很花时间的爱好，或者是那些能表明他们对进行智力挑战有很大兴趣的爱好。

就拿我来说，我曾是一名狂热的业余无线电爱好者，这和 20 世纪五六十年代大部分极客一样。业余无线电是一项大众技术，虽然高级但是易于掌握。如果你能搞清如何造一台业余无线电设备，你就能免费和欧洲的某人通话，当时越洋电话的开销是 20 美元（在那时可是个大数目了）。当然还有社交上的好处：突然间你能与全世界的人交谈并向他们学习。

我的第一份工作是在安派克斯。这是一家影音公司，是磁带录像机应用的先驱，也是我学习视频工程技术的地方。我的老板库尔特 · 华莱士（Kurt Wallace）之所以雇用我，有部分原因就是他对我业余无线电这个爱好印象深刻。

或者我们说说艾尔·奥尔康，他是我所认识的最有创意的工程师。他发明的东西让我获得了大量的荣誉。他总是忙碌于“分支”项目，创造出令他十分自豪的各种小玩意儿。他对自己的爱好——大部分爱好围绕着汽车——的激情反映在他对工作的态度上。

我记得曾经雇用过一个让我印象深刻的人，因为当他谈论起自己的火车模型爱好时就没法停下来。他把自己地下室的大部分空间都贡献给了一套火车模型。这在加州是让人印象深刻的，因为大部分加州的房子并没有地下室。但他解释道，没有地下室的房子他才不会去住呢。他对火车的热爱帮助他最终设计出了我们的游戏操纵杆；事实上，我们需要的任何小机械他都能创造出来，因为他具备那种我最终称之为“指尖智慧”的本事。

一位求职者来见我，带来的是我所见过的最复杂的游戏设计，配有复杂的图案和神秘的规则。我认为游戏本身糟糕透顶，但是关于他爱好（创造复杂游戏）的这次示范以及他所经历的去创造游戏的过程是了不起的。因此我们聘用了他。

爱好不仅仅是激情和创意的标记。如果你有爱好，那么你就在不断地扩充你的知识。比方说那位爱好火车模型的员工，他研究了不同时代的火车结构，这帮助他决定他想复制哪种型号。最终，他对燃烧煤炭、转换成蒸汽、驱动火车的过程产生了兴趣；气体膨胀的细枝末节看上去可能不像用得着的知识，但是某位具有这方面兴趣的同事最后成了知晓如何通过气动力学来给创造出来的比萨店角色带来活力的那个人。

实际上，我最早雇用大量查克芝士的工程师的时候，没想到我们最终会创造出会唱歌跳舞的动物。因而一旦这样的时机到来，这些员工便能站出来完成任务，因为他们的兴趣爱好是如此广泛。

在业界，你能找到大量人们因自己的爱好而提升生产力的例子。史蒂芬 · 吉列特（Stephen Gillett）是赛门铁克的执行副总裁和首席运营官（他之前是百思买数码的总裁，以及星巴克数字部门的执行副总裁），他公开承认对在线角色扮演游戏《魔兽世界》的沉迷有助于他完成管理工作中的任务。其他人甚至基于自己的爱好开始创业。生于澳洲的美国企业家梅根 · 达科特（Megan Duckett）曾为一家活动策划公司工作，并在她的业余时间里学会了缝纫。她在为雇主的万圣节派对制作装饰性棺材的衬里时发现了一个被忽略的市场。达科特于 1996 年辞去她的全职工作，那时，她“业余项目”的收入已经超过了她的薪水。到 2011 年，她戏剧性地用布料生意创造了 620 万美元的销售额。

将创意人才聚焦在一起的是他们对多种不同知识的激情，这是驱动因素。严肃的爱好是这一激情的标记。在《好主意从哪里来：创意之自然史》（*Where Good Ideas Come From: The Natural History of Innovation*）一书中，作者史蒂文·约翰逊（Steven Johnson）这样写道：“传说级的创新者，比如富兰克林……和达尔文都拥有一些相同的智慧品质（某种思维上的敏捷、不羁的好奇心）。他们也都有一个相同的决定性特质——他们都有很多爱好。”

7

将员工作为资源使用

要找到创意人才，最好的方法之一是授权。人们常常收起招聘的权力，将其作为建立自己权力的方式，而不喜欢分享之。

千万不要收起来。除非寻找员工的过程必须保密，否则你要找创意人才的时候就要请别的创意人才来帮忙。你现在的员工是一个充满可能性的藏宝库，可以把他们作为资源去定位那些之前和他们共事的人。毕竟，与人共事是了解此人能力的最好方法。

每个人都有一张候选人名单，上面列着那些他们乐意与之再次共事的人，以及那些他们希望从此与之再无瓜葛的人。这样的列表可以从员工那里得到。

这种招人方式慢慢成为硅谷DNA的一部分。在雅达利的时候，我自己就毫无恻隐之心地这么做过。我把安派克斯挖空了。我很棒的3次招人都与其有关：艾尔 · 奥尔康、史蒂夫·布里斯托（Steve Bristow）和史蒂夫·梅耶（Steve Mayer）都来自安派克斯。我另外还招了大概 20 个人。我甚至招来了安派克斯的驻厂护士，因为每个人都对我说她实在出色。其实过了很久我们才真的需要驻厂护士。我只是想让这么一位出色的人能为我们工作。

苹果公司成立之后，史蒂夫·沃兹尼亚克从他的老东家惠普挖人，史蒂夫·乔布斯开始从雅达利挖人，其“残暴”程度与我当年从安派克斯挖人时一模一样。我被史蒂夫挖走了不少非常优秀的人才。他们没能挖走的人是罗恩·维恩（Ron Wayne），他是一位杰出的机械工程师，被邀请成为苹果公司的合伙人。罗恩拒绝了。罗恩当时已经在创业，并陷入了某种责任义务的束缚之中。他不愿意再来一次。要是他接受这份工作并留下来，那他如今所持的股份可以值大概 200 亿美元。

8
避免复制品

大多数人力资源部的人员会对你说，他们想要招聘各种各样的员工。这是好事。但还有一个重要的多样性是这些部门不认可的：创意多样性。人力资源部门倾向于重复地招聘同一类人，尽管他们的种族或性别显然不同，这些人——先不看他们的种族、性取向或宗教——都上同一类学校，信仰同一种精神，穿戴也是同一种样式。

不幸的是，大部分公司都在寻找同质性。但是同质性不能孕育创造性。你不会想要一个同质化的公司，其中每个人都可相互替代。你想要的是一个“带刺”的公司，刺毛球上有好大的突出之处。而在“带刺”的公司中，这些突出之处就是那些杰出员工。

但是公司文化试图磨平这些尖刺——大部分公司想要的是一个光滑圆溜的球。为了变成那个光滑圆溜的球，他们把那些不按常规思考的人、那些能让公司成功的人踢出公司。

如果你有一个人事部，可以问一问在那里工作的员工，公司里有多少工程师曾辍学，有多少激情四射的市场人员胳膊上都是刺青，多少撰稿人穿着古怪的外套。（如果你得到的答案是没有，请不要意外。）如果你正好是老板，告诉你的人不要招聘穿戴整齐的大学毕业生，告诉你的人这个月他们要完成高中辍学生的招聘额度。没法依赖标准的证书时，他们需要找到有趣的方式来发现哪些辍学者确实是了不起的应聘者。这不是件容易的事，但回报是相当大的。

聘用一位创意人才是在拥抱风险而不是缓解风险。所以如果你正在创立一家公司，也许你的第一个任务就是找到一个能招聘其他创意人才的创意人才。

珍惜那些粉色头发的人

如今的就业市场中，折中主义是被极大地低估了。不要让你公司的人因为他人穿着不同、头发染成粉色，或者戴着奇怪的珠宝而不理会他们。服装部里的小小疯狂是有好处的。每家公司都需要身体上和思想上的多样性。正如我们的讨论所说，这样的人往往具有创意。

还要考虑的是，如果你试图向那些染着粉色头发或者文着古怪刺青的客户推销你的产品或服务，但从不雇用这样的员工，那么你对如何接触到他们就不会有任何想法。

我雇用过的一些最棒的员工可能会被认为有点反常。比方说，为*Pong*游戏发明了芯片的人是哈罗德 · 李（Harold Lee），他个头很大，开着一辆巨型的、装饰豪华的哈雷摩托车，有一把灰色大胡子，一头凌乱长发——我认为他从来就没有洗过头。哈罗德是一个出色的芯片设计师。但我敢说，他要是想在IBM找到一份工作可得花上不少时间。

9
聘用讨厌的人

当今商界有一个老生常谈：令人愉快的员工就是好员工。不过，令人不愉快的员工可能是更好的员工。

傲慢确实令人讨厌。但在某些场合，人们的傲慢是有充足理由的：他们的确是房间里最聪明的那个，因此他们认为自己对公司有价值的想法一点都没错。要是他们确实向你表达了这个意思，算不算令人讨厌？算。但如果你有一个问题需要一个脑子去解决，你会想让他们去处理。

“让傲慢的人出现在周围”听上去是打击士气，但不一定非得如此。它甚至能让办公室更有趣。你会习惯于说“把那个问题交给乔治”，然后翻个白眼。乔治的讨厌个性成为一个大家都知道的玩笑。但乔治对人们是否喜欢他并不在乎，他活到现在一直知道这一点。实际上，我认识的一些“傲慢的乔治”把他们的不受欢迎看作自己得到的荣誉勋章。

但是，你不会想要自己的公司里有太多“傲慢的乔治”。

如果每个人都是房间里最聪明的那个，那么“最聪明”这个词就再没有任何意义。幸运的是，只有那么少数几个真的实在聪明又实在傲慢的人，你肯定想要雇用他们。

如果你聘用他们，你可以这样警告其他员工：“乔治周一就会来报到了。你们谁都不会喜欢他，也没必要喜欢他。但是他很出色，会让我们的公司更好。不用麻烦自己请他一起去吃午饭。”

反正乔治可能也不想和你的任何员工一起去吃午饭，或者也不想在第一天工作结束后结伴出去喝一杯。你和他讨论你的兴趣爱好时，他甚至会给你个白眼，因为他认为他自己的兴趣爱好更加有趣。

拥抱这世上的乔治吧！如果他们知道你的公司为他们提供了一个庇护所，他们就会找到你的公司。史蒂夫 · 乔布斯知道雅达利就是这样的一个地方，能让他成长，而不管他看起来多么傲慢。也许，每个人都有创新潜力，但只有傲慢的人才有足够的自信将自己的创意想法施加给他人。史蒂夫认为他总是对的，愿意更重力度、更长时间地施压，相比之下，其他有着同样优秀想法的人最终可能屈服于压力而没能那么做。

10

聘用疯子

创意和疯狂之间只有一线之隔。当然发疯这种病症可没什么好的。但是要让具备某种功能性的疯狂占据你的创意办公室。这种疯狂总是来自那些冒出古怪想法、听上去疯狂无比且离经叛道的概念的员工。

大部分公司的问题在于，创意人才提出的想法越是疯狂，公司就越是不可能认可和推广它。但是，有些轰动了整个世界的好创意在刚提出的时候，迎接他们的是“真是太疯狂了”的尖叫。

老实说，在我这辈子的大部分时间里，人们都说我是个疯子。所有人都认为我创立雅达利的想法是疯狂的。我在安派克斯的同事将我拉到一边对我说，在电视屏幕上玩游戏的想法实在太滑稽了——在那个时候，人们在屏幕上唯一看到的图像就是电视里的那些内容。哪怕是在本地创建影像的想法也被认为是疯狂的——我记得有位非常聪明的人问我，电视台怎么会知道某人操纵了*Pong*游戏上的球形控制器呢？当然，一群会说话的动物住在一个巨大的比萨店里的概念也被认为是一个很轻率的想法。即使到今天，每当我用这些词句来描绘查克芝士时，人们还是会大笑起来。

当然，我所有的那些疯狂想法不都能成功，疯狂也需要一个正确的时机。20世纪80年代，我正忙着构思家用机器人伴侣（见点子29），人们认为小机器人在家里跑来跑去的想法太古怪了。事实证明，这项技术还不成熟。但直到今天，哪怕我的想象力再丰富，我也不能相信有朝一日我们家里会没有家庭机器人。对我来说，假设一个没有机器人的未来才是疯狂的。但是，每当我就此话题慷慨陈词时，我见到听众眼神呆滞的次数还是太多。

再者，我在谈论机器人自动驾驶的车辆时，人们也觉得我就是一个疯子——但这样的汽车可能离我们只有几年之遥了。谷歌、宝马和若干日本公司已有技术做出这样的成果。一旦成本变得合理，这一切就会发生。

听到诸如电话这样的东西时，人们也说："疯了！"你为什么想和你甚至见不到面的人说话（而且你其实可以走过去和她见面）？飞机？疯了！如果人类应该飞翔，上帝会让我们生出翅膀的！汽车？疯了！太吵闹又太容易坏了。还是骑马好，你个疯子！

杰夫·贝佐斯（Jeff Bezos）于20世纪90年代初准备开设在线书店时很难找到愿意投资的人。Amazon.com（亚马逊网上书店）成为他的成功案例。再听听萨拉·布雷克里（Sara Blakely）的故事，她切掉连袜裤的底部，创造出一种新的产品。然后她给无腿的连袜裤申请了专利，试图找到某人——任何人——来支持她的想法。“疯了！”所有人都这么说，没有人接受她的想法。最后她找到了一位合伙人，于2000年开始销售她称为“Spanx”的产品。布雷克里现在已经位列《福布斯》全球亿万富翁榜。

几乎所有创意想法在最初呈现时听起来都很疯狂。大部分人没有对于创意的想象力，因此无法理解创意人才在说些什么。人们往往对不理解的东西感到害怕，这又使得问题更加恶化。但如果你不能带入几个相比常人而言看上去有点疯狂的人，你也不可能成立一个创意公司。

博德（Bird）可能是我雇用过的人中最有创意、最疯狂的人。他手长脚长，身高超过两米，却只有130多斤——我们从未见过这么瘦的人。他移动起来就像鸟儿那么轻灵，于是就有了“博德”这个外号。

博德只有一种速度：快速。他都是跑步上下班（办公室离他家约几公里），除非下暴雨，那样他便会开他两边漆上了不同颜色的大众甲壳虫。看他从车里出来就像是看着 6 个马戏团小丑从一辆小车里冒出来——这长手长脚塞进车里就看似不可能，更别说再从里面出来了。

博德将他的办公室变成一间组装车间加工作室，沿着墙的四边基本上就是桌子，房子中间是 2.5 平方米的空间供他站立。（桌子都是定好位的，这样他可以站在桌前工作。）

博德说话带有浓重的斯拉夫口音，很难被听懂，这也就意味着他没法向任何人解释他的想法。他是做原型的高手。他的很多装置无法被理解，哪怕是有了原型，但是每过几个月他就会有大成果。那时我们在做玩具，他能给我们的电子宠物发明出实在了不起的功能。比方说，他找出一种方法，只用价值 0.3 美元的部件就让我们的电子猫咪发出呼噜声。真是个疯狂的天才！

和乔布斯一样，博德找到了 Axlon（作者的消费电子公司）而不是 Axlon 找到他。他应该听闻我是那个能理解他想法的人，于是他随身带了一箱物品在我的玩具公司前露营，直到他获得了与我面谈的机会。（他拒绝和别人见面。）他一直留在公司，直到他返回克罗地亚。

乔布斯自己也有疯狂的想法，iPod就是个例子，在iPod诞生之时，苹果公司的计算机产品出了大问题。本来可以花大量的精力专门用于其操作系统的提升，但是，乔布斯将他的精力和资源投入开发一台音乐播放器而不是一个计算机产品——某个其他计算机公司没有做过甚至都没有考虑去做的产品。想象一下戴尔进军音乐市场吧！我知道苹果公司的不少人在听到计划后，都认为乔布斯整个人已经疯了。但是iPod成功了，而且是巨大的成功。

疯狂的想法

人类用于说话的高贵器官能被卑贱且毫无情感的金属替代？这太不可能。

——让·布约（Jean Bouillaud），法国科学院成员，于某次留声机的展示会，1878 年

比空气重的飞行机器是不可想象的。

—— 开尔文（Kelvin）勋爵，英国皇家学会主席，1895 年

马儿会永存，至于汽车，不过是一种新鲜事物—— 一种潮流而已。

——密歇根州储蓄银行总裁，建议亨利·福特（Henry Ford）的律师不要给福特汽车公司投资，1903 年

我认为市场对计算机的需求大约只有 5 台。
—— 托马斯 · J. 华生（Thomas J. Watson），IBM董事会主席，1943 年

过了最初的 6 个月后，电视就不可能保持其获得的任何市场。人们很快就会厌倦每晚都盯着一个胶合板盒子看。
——达利尔 · 扎纳克（Darryl Zanuck），20 世纪福克斯影业公司主管，1946 年

全球复印机的市场潜力最多就是 5 000 台。
——IBM对后来的施乐公司创始人解释为什么复印机市场太小因而不值得进行生产，1959 年

实在没有理由让每个人的家里都有一台电脑。
——肯 · 奥尔森（Ken Olsen），数字设备公司总裁于世界未来学会大会，1977 年

11
找出被欺负的人

很多创意人才相信自己和自己的创造力。他们通常是那些知道自己比班上其他同学都要聪明的孩子——而且对此深信不疑。他们通常都是对的。这也是他们如此讨人厌的原因（见点子 9）。

但还有好多创意人才会因其与众不同、有独特想法或者穿着古怪而被排挤、被嘲弄。其他孩子总是拿他们取乐，老师试图给他们灌输一些常识，他们的父母无比失望，因为他们从未表现“正常”。

这些孩子中，有些奋起反击，但更多的孩子没这么做。要让人快速合群，最好的方法就是让他担心被伤害、被欺负或者被嘲弄。痛苦是了不起的激励因子。

其他孩子、老师和家长能剥夺孩子心中的创造力，与此类似，公司也会剥夺雇员的创造力，一路破坏他们的自信。如果某人的身份是围绕着创造力构建的，情况就更是如此。

如果你一次又一次地提出有趣的想法，而你的公司拒绝采纳其中的任何一个——甚至可能根本就不想讨论任何一个，要维护你的自我价值感几乎是不可能的。更糟糕的是，公司还会对这些人冷嘲热讽。

这样的回应就是一种欺凌，和各种校园霸凌事件一样恶劣。这会让一个创意人才感到多么的沮丧和不快？她觉得所有可以提给公司的那些了不起的想法，却被认为一无是处。她坐在办公室里，因不能做出成绩而感觉糟糕透顶。

很多公司都在吹嘘它们的员工中有很多创意人才。它们这么说不是因为真正对创意想法有所体验，而是因为它们知道说自身是一个创意公司听上去很有感觉，不管它们是否真的让它们的创意人才有所作为。与此同时，它们聘用的创意人才可怜巴巴、毫无作为，慢慢地被洗脑进而认为正是创意才让他们惹上了麻烦。于是，他们在下一次进行求职面试的时候，就会贬抑自己的创造力。“我可不想再这么来一次，”他们这样想道，“这次我要小心为妙。”

这些创意人才要找的工作场所是他们能够在其中成为创意人才的地方，创意人才也是他们的本来面目。在某个时刻，你进行求职面试的时候，对面会坐着这么一位求职者——将她抽出来，让她放轻松。也许她在上一份工作中毫无成果，不过可以让她谈谈更早之前的创意辉煌创意事件。也许她赢得过学校的诗歌大赛，或者科技展上的大奖，或者当过当地剧院里的主角。多年来，她早已学会掩盖这一部分的自己，而这部分才真正是她最有价值也是最有趣的性格方面。

我最好的员工中有一些人的才华在前公司中被浪费掉了。我记得有这么一个特别“恶毒”的公司，这家公司会为员工的创意想法举办一个小小的展示会。这家公司从来不会将这些想法投入市场，只想显摆一下，让大家注意它多么有原创性。一些员工真正能在这个活动中脱颖而出，他们的点子在别的时候从来没有得到注意。这个展示会最终变得像是这些人的招聘会：其他雇主见识到了他们的全部潜力，将他们统统招走了。

那些不愿意培养自己的创意人才的公司听好了：不要为了你的竞争对手而开什么展示这些员工才华的展会。

12

寻找潜伏者

有一天，我正在就我的新爱好——教育——做一个演讲。之后有几个人开始在讲台边守候，等着和我说话。他们眼中带着热情，不过也许有那么一点害羞。

我聘用了其中的两位。

愿意在演讲之后站起身，与演讲者接触，告诉演讲人你是多么欣赏他的想法，这么做能说明很多问题。我有一个朋友供职于纽约媒体，他聘用的所有助理都来自在他演讲之后走上前来提问的那批人。

实际上，很多我认识的人将结识这些潜伏者并与他们交流作为一个常规的活动。每个公司，不论其规模，至少要安排一些代表在外面走动，宣讲自己的品牌并收集这些潜伏者。这些代表必须要有说服力。乔布斯最优秀的特质之一就是他绝对是一个使人着迷的演讲者——人们听到他的演讲后就被吸引住了。我第一次见他是在某次开发者大会的讲台上——那次演讲在后来被重播，他穿着KEEN牌鞋子。之后的几个月，KEEN的这款鞋子都是脱销状态。

潜伏者之所以出现，是因为如乔布斯这样的演讲者通过他的魅力将他们召唤了出来。基本上，且不论要谈什么主题，公司指定发言人的每次演讲都是在兜售对品牌的忠诚度。（如果公司的CEO并不是一个很好的大众演说家，那你需要从较低级别的员工中选择一个公众形象。）只要信息到位，布道充分，追随者就会随之而来。

我有几次很棒的招聘，聘用的都是潜伏者。在我为美国餐厅协会进行的一次演讲中，我挑中了查克芝士的特许经营负责人。一位潜伏者告诉我他喜欢我们在做的事情，他正是特许经营的专家。他说的没错——他为我们做出了巨大的成绩。雅达利的销售副总裁吉恩·利普金（Gene Lipkin）也在一次演讲后找我聊了几分钟，然后问我那里是不是有他的一个位置。成了！一个职位有合适的人了。

13

询问读书情况

要找到创意人才，最好的方法之一是问一个简单的问题："你喜欢看什么书？"

我还从来没有见过哪个创意人才在谈到阅读习惯问题时是毫无激情的。多年来，我用这个问题来淘汰潜在的求职者。他们走进我的办公室后坐下，大谈特谈这个或者那个想法，而一旦我要求他们列出自己最喜欢的书籍，他们脸上就会空白一片，像是电脑黑屏了一样。

不同类型的员工有不同的阅读兴趣。比如，我发现工程师喜欢读科幻小说，这也是我个人最喜欢的种类。科幻小说是创意思维的训练器：科幻小说中有那么多想法已经成为现实中的常规，还将有更多的想法成为常规。我们是不是有一天会聘用家庭机器人？太空中是否会有殖民地？我们会不会穿戴眼植入物？纳米技术药物能修复我们的身体吗？这些问题的答案都是肯定的，对那些阅读科幻小说的人来说，这些预测和其他的预测都已经是他们信仰体系的一部分。

实际上，人们读什么书相比他们是否读书这个简单事实而言，不那么重要。（我认识很多富有才华的工程师，他们讨厌科幻小说但是非常喜欢其他类型的书，比方说有关鸟类观察的书籍。）一个虽然粗暴但通常正确的概括是：有好奇心、有激情的人会去读书。冷漠而且无动于衷的人不读书。

我记得有这么一位很特别的女士在一次面试的时候对我说，她读过我所读的每一本书。于是我开始提及我没有读过的书，而她连这些也读过。我不知道在她“奔三”之时是如何找到时间来读那么多书的，但我对她印象深刻因此立刻雇用了她并安排她去做国际营销，因为当时该部门正面临问题。一项具有好多活动部件的工作会得益于一个具有好多活动部件的大脑。如果没有这样的一个大脑，她是不可能读那么多书的。

给面试官的建议：准备好向潜在的雇员提问，要他们提供一张他们最爱读的10本书的列表。

给求职者的建议：主动准备好并提供你最爱的10本书的书名。如果某人说她绝对喜欢读书，而在被要求提供一些书目时一个也提不上来，那就实在太尴尬了。

下面是我的最爱书籍列表。它每个月都会变动——实际上是每天都在变动。这几本正好是如果此时此刻我在面试被问及这个问题时会想到的 10 本书。明天再来问我要一张新的列表吧。

- 丹 · 西蒙斯（Dan Simmons）的《海伯利安》(*Hyperion*)
- 乔治 · 伽莫夫（George Gamow）的《物理世界奇遇记》(*The New World of Mr. Tompkins*)
- 尼尔 · 斯蒂芬森（Neal Stephenson）的《雪崩》(*Snow Crash*)
- 威廉 · 吉布森（William Gibson）的《神经漫游者》(*Neuromancer*)
- 肯 · 福莱特（Ken Follett）的《圣殿春秋》(*The Pillars of the Earth*)
- J.R.R. 托尔金（J.R.R.Tolkien）的《指环王》(*The Lord of the Rings*)
- 柯南 · 道尔（Conan Doyle）爵士的《福尔摩斯探案集》(*Sherlock Holmes*)(任意一本)
- 阿贝尔 · 加缪（Albert Camus）的《异乡人》(*The*

Stranger）

- 索伦·克尔恺郭尔（Søren Kierkegaard）的《克尔恺郭尔精选集》(*The Essential Kierkegaard*)
- 柏拉图（Plato）的《理想国》(*The Republic*)

14
启 航

在 20 世纪 70 年代，我有一艘 41 英尺（约 12.5 米）长的帆船。只要我感觉受挫或者诸事不顺，我就会驾船出航。这当然是手机出现之前的事情。一旦你驾着船出航，你会找到真正的与世隔绝的感觉，这是很有价值的（见点子 26）。

不过我很快发现了帆船的另外一个用途：它是评价潜在求职者性格的一个好方法。

在帆船上，每个人都有自己特定的工作。一个人负责掌舵，一个人负责瞭望，另外一个负责照看航程等。观察这些人如何完成各自的任务，总是能让我洞察到他们在一个陌生环境中会如何反应、能多好地执行指令。

偶尔会发生一些有点惊悚的事情。有些人受到惊吓后就呆住了。如果帆船上所有人在出现可怕的情况时都被吓住了，那他们基本上都已经死了。我曾让一位有潜力成为雇员的人上船，在他收到一条执行起来简单但非常重要的指令后，却只是站在那里不动。我没有聘用此人，因为不管你喜欢与否，船上的每个人都参与了一个集体项目。你不能往后一站，希望别人来帮你的忙。即便你是一个新手，你也必须尝试，哪怕会出错。很明显，此人不会是我们创意团队中的一位好成员。

如果和大多数人一样，你不玩帆船，那你可以考虑与潜在的雇员分享任何其他的爱好或者消遣。我的一个朋友喜欢保龄球，他会邀请别人和他一起去，而不管他们之前有没有打过保龄球。他不是在判断他们玩得有多好，而是在观察他们如何处理可能出现的失控场景：是优雅地、幽默地、友善地，还是沮丧地、闷闷不乐地、缺乏体育精神地？有一个好消息是，保龄球馆里倒是很少出现生死攸关的情形。

15

聘用眼前的人

观察人们在你的工作空间之外的工作状态是找到可被雇用的创意人才的最佳方法之一。我每次这么说的时候，人们通常会笑我。“我不可能就这么走进另外一家公司，然后坐下来开始观察吧。”他们坚持这么认为。

你可以做到。你只是没有富有创意地思考在哪些地方可能会找到这样的人。创意人才不一定就在从事创意工作。我们的人员（以及招聘实践）问题在于，创意人才通常找不到工作——至少他们找不到他们最想为之工作的领域内的职位。激情和有趣本身无法支付房租，所以那些充满激情、有趣的人通常做着那些无聊的工作，因为没有其他人愿意雇用他们。

我经常聘用那些因在他们的工作中表现得有创意而引起我注意的人。我做过最好的招聘之一是招到一位在加利福尼亚比萨厨房餐厅里工作的女服务员。她非常风趣，尝试把我微不足道的幽默变成真正的喜剧，让周围的每个人都感到妙不可言。我和家人怀着敬畏之情看向这位女性，就像有一盏一万瓦的聚光灯打在她的身上。我当即做出聘用她的决定，让她开发一些富有创意的市场方案。事实证明她实在出色，在和我共事、投入新工作的时候，她倾入的正能量和使她成为一名了不起的服务员投入的正能量一样。

还有一次，我在加州帕洛阿托的一家北面专卖店采购野营装备。帮我采购的那个年轻人对各类装备了如指掌，对野营本身充满热情，和他对话简直就是享受。很难见到一个销售人员同时兼备技术娴熟、魅力四射、令人愉悦的素质。我当下就知道我希望他为查克芝士工作。我们把他放在客户服务部，因为他在这个方面的才华是显而易见的，他在一年之内就升到该部门负责人的位置。

经常会出现的情况是：人们只看到他们期望看到的东西。如果你只期望看到一名女服务员，那你就只能看到那么多。如果你把每个人看成你的员工队伍中可能的新成员，突然之间所有的可能性就开始爆炸了。取下眼罩吧，创意人才就在你的身边。不要因为你已经下班或者在处理一些杂务而停止观察。某些你能找到的最有创意的人才就藏在平凡的一瞥之中。

求职者要注意：不管你现在从事的工作类型如何，只要有另外一个人在看着你，你就是在舞台上。你永远不会知道什么时候有人会走上前来，向你提供下一份工作。

实际上，你甚至可能不用离开办公室就能找到隐藏在平淡工作之后的创意人才。他们进了你公司的门并不意味着他们已得到妥善的安排——通常的情况是他们完全被错配了。找到这些人的最好的方法之一就是采用“走动管理”。这就是说，一旦你碰到问题，就从办公桌后站起身，去和前台聊天，和会计部的姑娘聊天，和销售部的人聊天。

为什么要这么做？首先，你引入了那些从整体来看常常被忽略的人，这本身就是好的做法。但更常见的是，你会从那些非常了解你业务的人那里得到关于该问题的一个全新角度。多样的输入是必要的，它对创意生长的必要性就如水对生命一样。

期望驱动行为。如果你有一个组织，而你不指望其中的任何人变得有创意，那他们就不会变得有创意。如果你创建一个富有创造性的公司，那员工就会提升自己以符合这样的期望。

顺便招人

对我而言，参加孩子们的体育活动是我生活的一大乐趣。我为孩子们骄傲，无论他们是输还是赢。不过我还是注意到，不少聪明人和我做着同样的事情，而且和我一样无聊。没错，让孩子决定他（她）要参加游泳班确实再糟糕不过了，因为游泳比赛冗长无比又太过乏味。你看，你坐在看台上，一大堆孩子在池子里拼命游得更快，而你距离他们那么远，根本认不出谁是谁来。

为了减轻这种无聊，你最终只能将所有时间花在与其他家长聊天上。通常，我都会聊技术，有时我会当场给别人提供工作。比方说，在 20 世纪 70 年代的某次会面中，我开始和坐在我旁边的一个叫鲍勃·布朗（Bob Brown）的人聊天。我问他是做什么的，他说他从事设计定制芯片的工作。话题不断跳跃，很快我们开始讨论游戏行业。那个时代，好多人都在反战，我们觉得为游戏设计芯片肯定比为军事应用设计芯片有趣得多。聊天还没结束，我就招募了鲍勃。他是一个杰出的工程师，可以设计任何东西。

哪里可以找到并聘用优秀人才？你要一直思考这个问题。

16

梳理推特

互联网使得找到并了解潜在求职者这事儿简单多了。但我还没听说人事部用互联网干别的事情——除了搜索一下应聘者的名字，希望在优兔（视频网站）上找到他们呕吐出丑的视频或者在脸谱网上找到他们酒醉不醒的照片。

要找到创意人才还有更好的方法。比方说，最佳方法之一就是随机阅读推特的推送。

推特刚出现的时候看上去不会有什么作用，除了让人有机会宣布他刚刷了牙，或者吃了一顿美食。但是，它最终成了某种超级索引。

请把推特想象成无穷多的头条消息的汇聚。如果某个特定主题的范围和你公司的使命相吻合，推特提供了一个更加自由的平台，你可以用它找到贴出既有创意又很聪明、与你感兴趣的话题相关的帖子的那些人。

好多这样的人是那些渴望自由的创意人才，他们将推特作为一个发泄的出口、一个进行表达的媒介。他们可能受困于一个糟糕的工作甚至失业，但是他们没有整天看电视或者吃垃圾食品。他们的创意展现在网络上。

比方说我要找一个能处理技术性介绍问题的公关人员。我会在推特上搜索一些技术介绍，看看有谁推了它们，点击这些人的档案，再通过浏览此人其他的推文，判断他们的智力水平以及他们是否可能适合在我公司工作。

我每周都在推特上进行随机搜索。因为我开展了一个全新的教育事业，我会检查有谁就此主题说了一些有创意又美妙的东西。如果我找到某人，我会关注他，他也会关注我，很快我们就会展开一次对话。我希望在接下来的几年里招聘很多人，其中有些人会来自推特的推送。

要提醒你的是，和其他点子一样，这个点子也是会出错的。有一次，我找到一位多产且优雅的推特用户。我们互相关注了，不久我每天都收到他的邮件，其中满是富有想象力的新想法。我认为他（几乎）是我认识的人中最聪明的那一个，于是我没做进一步调查就给他提供了一份工作，让他飞到加州进行软件开发。结果是，他确实充满想法，但是他不能完成其中的任何一个。他是一个好的推文者，但除此之外一无是处。他只待了 6 个月。

17

拜访创意群体

哪里有想象力，哪里就有创意群体。创意和悲伤一样，都喜欢抱团：古希腊那位伟大的思想家毕达哥拉斯（Pythagoras）在克罗顿（位于意大利南部的希腊殖民地）建立了一个群体，追随者在那里举行宗教仪式，讨论哲学问题；若干世纪后的文艺复兴时期，佛罗伦萨成为一个作家、艺术家和音乐家的创意中心，为世界贡献了诸多不朽的作品；“一战”之前10年的维也纳咖啡店中到处都是杰出人才，他们在互动中得到灵感。在那里，作曲家古斯塔夫 · 马勒（Gustav Mahler）接受了西格蒙德 · 弗洛伊德（Sigmund Freud）的心理分析，古斯塔夫 · 克里姆特（Gustav Klimt）为庆贺路德维希 · 维特根斯坦（Ludwig Wittgenstein）妹妹的婚礼，给她画了一幅肖像；与此类似，大战之后，全世界很多艺术家——其中包括塞缪尔 · 贝克特（Samuel Beckett）、欧内斯特 · 海明威（Ernest Hemingway）、詹姆斯 · 乔伊斯

（James Joyce）、亨利 · 米勒（Henry Miller）、埃兹拉 · 庞德（Ezra Pound）、格特鲁德 · 斯坦（Gertrude Stein）——都汇聚在巴黎。艺术家、出版社以及书店老板形成一个非官方网络，大家在网络中相互依赖以求生存，同时也相互激发灵感。

要找到创意群体，你不用回到过去，它们一直就在你身边，可能是正式的有规划的聚会，也可能是随兴即席的碰头。我见过的小组中，既有几个人聚在一起讨论科幻小说的，也有好多人一起开会建立梦幻项目的。不论何时何地，当你找到这样的群体时，你就会找到潜在的雇员。

作为一个工程师，我参加的第一个这样的小组里都是思维相近的工程师。汇聚了技术领域最为聪明的若干头脑的黑客大会最令人难忘。我看到了一些我无法想象的东西，比如第一台被破解的手机。还有一次，一个年轻人给一个巨大的电容充电，再通过泡菜放电。泡菜中的水分被雾化了，突然间一层薄薄的泡菜把我们包围了起来，形成了一个 7 米多的圆圈。黑客大会也是我第一次见识到微波炉对光盘有着怎样作用的地方。

在雅达利，我们会把员工派出去参加所有的这类会议和团体，确保人们熟悉我们的品牌以及正在进行的项目。在那些地方，我们员工经常会发现一些有趣的想法，然后和潜在的有影响力的人建立了联系。

还有一些别的创意群体可以访问：

比如在内华达沙漠中举行的火人节。我经常参加这个为期一周的活动，人们聚在一起，做他们能想到的任何事情。我见过、听过的事物包括小帐篷里的诗歌会，太空时代电子合成音乐在空气中流动。几乎每个营地都有一个酒吧。为了让你感受一下环境，其中一个标牌这样写道："如果没有博士学位或者对数学的深刻理解，请勿讨论量子力学。"来这里的都是真正有创意的人。这是一个伪装成节日活动场所的招聘中心。

思享会也是我的最爱之一。它是一个月度沙龙和社交活动，汇集了不同背景的人（包括艺术家、科学家和技术专家）。思享会的标语是"有启发的放纵"，它的特点是有着短小的演讲和备货充足的酒吧。这一活动如今在全国展开，通常会邀请 4 位演讲人随便讨论任何话题，包括肚皮舞、太极、电子植入物、环境、未来潮流以及最新发明等。

METal 是一个洛杉矶团队，由一群非常聪明的人才组成。他们每周六上午碰头吃早饭、开展讨论。与会者对生活有着足够的热情，能在周六早晨起床，驱车若干公里来分享想法。

草原音乐节的举办地位于堪萨斯州中部，但仍吸引了1 000多个愿意把周末花在室外，学习有关农业、可持续性以及环境方面知识的人。如果要在这个领域进行招聘，我就会在10月的时候，带上几百张名片前往堪萨斯州的萨利纳。

有关创客运动的制汇节是由O’Reilly Media（一家美国传媒公司）的一本出版物《制造》（*Make*）引发的。这本杂志刊登的文章讨论的主题包括用香烟盒制作一把吉他、制造属于你自己的脉冲喷气发动机。这家公司发现读者在制造众多这样的项目而且想要展示给别人看，于是它们在圣马特奥县的游乐场中创立了制汇节。全国的人都跑来这里展示他们各自的业余爱好——这个地方到处都是创新者！真是招聘员工的好地方。这些人发现了他们的激情所在，站起身来，创建了一个项目，带着它走过村庄甚至跨越全国，自豪地将其加以展示。他们这种人不会一天花12个小时在看电视上，但可能会为你制造一台新型电视机，让它做到你无法想象的事情。如今，制汇节每年会在全球各个地方举办好几次。

BIL是在加州长滩举办的为期3天的“非会议”，任何人捐赠任意金额就可以参加。与会者被称为“比尔德”（Bilders），他们进行非正式聚会，聆听诸如“如何成为一个成功的异教徒”这样的演讲。BIL于2008年开始，它的口号是“自由放飞思想”，讨论主题包括机器人以及自己动手的生物学。

PICNIC活动是一个在欧洲举行的、为期两天的活动，探索创意和创新的交汇。2012年，3 000名来自不同领域——商界、政界、教育界和其他行业——的创意人才参会。2012年的活动在阿姆斯特丹举行，主题是“新的所有权：从‘由上到下’到‘由下到上’”。活动包括演讲、辩论和讨论、初创竞赛，甚至还有相亲活动。

18

小心伪装者

本书的基本读者群是那些想让自己的公司更加有创意的人。我担心某些读者会用于不同的目的：将其作为伪装指南。毕竟我给出了一系列建议，讲述如何表现得像是一个创意人才。

这么多年来，我学到的最大教训之一就是企业界（以及扩展到这个世界）充斥着伪装者。这些人很聪明，知道你想要他们说什么，然后以你想听的方式不折不扣地说出来。

我第一次得知伪装者无处不在的事实是在早期的雅达利。定制芯片业务难度很高且很耗时。由于至少需要一年才能让一个完全定制的芯片工作，一大帮伪装成芯片设计师的人总能在芯片真的工作之前找到方法离开公司或者主动被炒。乔布斯有一次对我说，苹果公司里有很多员工从来没能让一个芯片真正工作起来过。我对他说在雅达利也是一样。这些人能从一个工作跳到另一个工作、再跳到另一个工作，做的事情看似很有创意但从来没有任何产出。我记得有一个家伙被起了个外号叫“我差点就搞定了”。每当我们问他芯片是不是好了，他的回答总是如此。

你不得不非常小心伪装者。那么，你应该如何识别他们呢？

首先，在招聘时不要只是依赖证书（见点子 5）。比方说在芯片领域，某人具备芯片设计方面卓越的证书，但没有任何能力设计一个芯片。这样的伪装者知道如何构造一份看起来很棒的简历，很快你就发现那才是他们主要才华所在。

其次，你在面试潜在员工时，试试这一招：就某个主题，在他们流利地回应了你的开门问题后，继续问第二个、第三个问题。伪装者通常在表面术语的表达上非常流利。如果让他们更深入地讨论某个主题，你就会马上发现这些人说话的精准性开始消失了。

比方说，你要找一个市场专家。如今，市场人员都在谈分析。一个申请市场工作的伪装者会走进来，滔滔不绝地讨论分析的重要性。让他立刻停下来然后问他：“哪些才是最重要的呢？”然后继续问：“你认为谷歌开发每个潜在客户的费用会是多少？如果你要构造一个市场计划，你认为怎样的结果是好的呢？”

换句话说，问一些判定性的问题，而且要问很多。如果你自己不是这一行的专家，那就让人为你准备一堆问题。

另外，很多人知道一个工作如何做，但不一定知道为何要这样做。“你已经收集了所有的分析结果，”你问道，“你为什么要这么做？它们为什么很重要？你为什么用这些分析来提升产出呢？”

我发现玩扑克能在我问出这些强硬问题的时候给我提供帮助。我是个很好的扑克玩家，“判定”以及通常会暴露此人有何种牌的脸部表情和身体语言都是很微妙的。比方说，根据美国的东北大学、麻省理工学院和康奈尔大学最新的研究，某一类特定的非语言线索与撒谎有特别关联：摸手、摸脸、手臂交叉、向后靠去等。该研究发现，这些线索本身不能表明撒谎，但如果一起出现的话就会成为精准的撒谎标志。

伪装者最基本的技能是虚张声势。不知出于何种原因，他们觉得没有必要做得更多，这也是他们很容易被揭穿的原因。在雅达利，我曾经雇用过两个来自惠普的人。那时的惠普被认为是业内最好的公司。如果你能招来其中的一位管理人员，你会觉得很幸运。这两个人就像是黄油：如此圆滑、如此世故。最后我们发现，他们不知道如何做任何事情，除了在面试中熠熠生辉以及一旦就职就窃取他们下属的功劳。

我们每个人都有被伪装者欺骗的时候。技巧在于要从经验中吸取教训，不要重复犯错。

19

问古怪的问题

大部分人在进行面试的时候，总是不断地问同样的无聊问题："你在哪里上的学""你在本领域有怎样的经验""有没有好的推荐信""你是否期待为我们工作"。这些问题没法帮你找到创意人才，它们只能勉强让人不昏昏欲睡。

如果你要雇用有趣的员工，就要问有趣的问题。问古怪的问题、诡异的问题、随机的问题，问那些能帮你看清他人头脑如何工作的问题，而不要问那些向你展示他们背诵简历的能力有多棒的问题。这些问题甚至不一定非要有答案。你不是要为真实的问题找到真实答案。你是要见证一个未来员工的头脑是如何运转的。

我经常在午餐时问应聘者，桌子底下粘了多少片口香糖。显然，我不知道答案，他们也不知道。实际上，我根本不关心答案是什么。我要听到的是他们如何处理这个问题。

打个比方，如果某人说："我怎么可能会知道这个答案？"然后转换话题，那她不可能为我工作。但如果她说："我不知道。不过我看到有几个人走进餐厅时嘴里嚼着口香糖，但是没有人吃饭的时候在嚼，所以至少有几个人可能将口香糖粘在了什么地方。对他们中某些人来说，桌子底下是最好的地方。我还注意到这家咖啡店不是很干净，所以服务员可能从来不做检查。那么我猜可能有 3 块？"

她的答案是不是正确根本无所谓（因为可能有其他一些我们不知道的变量）。要紧的是她向你展示了她的思路：她思考、计算、想象、猜测的方式。[顺便提一句，这类问题以及为这样的猜测找出理由的能力，被称为费米问题。它以那位意裔美国物理学家恩利克 · 费米（Enrico Fermi）的名字命名。费米能在没有太多信息可用的情况下做出这样的猜测并以该项能力闻名。]

换个角度，我最喜欢向工程师提的问题之一是："你有没有做过管工的工作？"你问这个问题的时候，人们可能会略带怀疑地看着你。不过优秀的候选人会说"有啊"，然后开始谈论管工的事情。这是一个良好的标志。没人（除了真正的管工）会上过管工的课程，所以能解决问题的人是靠直觉解决问题的人。那是我想要的为我工作的人。

我问过的一些古怪的问题如下。

“mole”是什么？它可以是皮肤上的一个棕色的点（痣）、一名间谍、一种穴居的啮齿类动物（鼹鼠），或者是化学中数量的计量单位（一摩尔是6.022乘以10的23次方，也叫阿伏伽德罗常数）。

简单的游戏和困难的游戏，哪个更好玩？（奇怪的是，人们通常想不出如何来回答这个问题。）

生活中最让你讨厌的东西是什么？（我最喜欢的回答是：“就是这个问题。”）

为什么田径类比赛都是逆时针跑的？（没有人确切地知道为什么，但有不少了不起的猜测。）

如果一名棒球选手打出一记本垒打，但是在跑垒的时候突然死去，这次本垒打算数吗？（算数，只要跑垒员接替他的位置就行。）

桌子的对立面是什么？（据我所知，什么也没有。肯定不是椅子。）

我还喜欢让他们猜谜语。

（1）三名妇女一个挨一个地穿着泳衣站着。两人很难过，另外一个很开心。开心的人在哭，难过的人在笑。为什么？

（2）这些数字是以何种方式排序的：8，5，4，9，1，7，6，3，2？

（3）彼得 1990 年的时候 15 岁，1995 年的时候 10 岁。这是怎么回事？

（4）在最近的一次比赛中，参赛者必须保持住什么东西。赢家是一位四肢瘫痪的人。他能保持住什么呢？

（5）一位女孩和三位朋友一起在路上走着。一个朋友是动物，一个是植物，一个是矿物。女孩的名字叫什么？

答案可以在 184 页找到。不过要记住，答案无关紧要。听听求职者如何得到各自的答案才是关键。

20
进行深入的面试

你在进行面试的时候，不要问标准的问题，但也不要问很浅薄的问题。如果被试者支支吾吾或者试图转移话题，不要让他们得逞，而要问得更深入一些。基于他们之前的回应，你需要问一个新的问题以获得更多细节。如果被试者谈到她在另外一家公司运作的项目，就询问一下项目的细节，确保你着重关注她真正做了什么。人们通常会用那个高贵的“我们”一词来谈论他们的经验。虽然项目可能确实非常不错，但他们在其中的特定参与度可能很小甚或没有。建造令人称奇的450号部件时，她可能是在那家公司工作，但很可能只是在卫生间外面扫地。

你需要问一些具体的问题来具体化她的说法，比如：“你为450号部件工作时，确切地说是负责哪一部分？”如果她说她是团队一员并创造了那个美妙的市场营销口号，要尽你所能地深度挖掘：她特定的贡献、她的点子和她提出的独特想法到底是什么？为什么她喜欢她提出的口号，其他人提出的口号有哪些，这些口号中她喜欢哪些部分又不喜欢哪些部分？不要停止问问题，要不断挖掘。

这么一来，会发生如下三种情形中的一种：如果发现她根本就涉足不深，你会看到她开始即兴编造东西；如果她涉足不深也不会即兴编东西，知道这点也不错；如果她真的涉足很深，她会在很深入的层次上就那个过程给你真实的信息。

我们的目的在于忽视简历，用面试的机会问尽可能多的探查式问题。

在招聘过程中，不要为了填一个圆孔而去找一个圆形的雇员。要找有才华的人，然后创造一个适合她的职位。

你想要的是一群了不起的人的组合。如果你有了一群了不起的人，他们将能完成了不起的工作。

II

留住并培养下一个
史蒂夫·乔布斯

好了，你完成了你所有的工作。你想过去哪里找创意人才，你面试了他们，也成功地说服他们加入了你的公司。

现在要做什么？

你将会看到，只是聘用了下一个乔布斯是不够的。如果你不准备对他们做什么，令他们加入你的员工队伍就毫无意义。你必须让他们开心、充实、感觉自己真的是团队中有价值的组成部分。一个常见的情形是，雇主拼命找到了创意人才，有了这些人才后，却不让他们发展。对某些公司来说，这一忽视只是出于管理不善：公司不知道如何利用它的创意人才。对另一些公司来说，这是它们的战略：雇用那些最优秀的人，不让公司的竞争对手得到，然后将他们放在一边，不让其他人找到他们。但是从长远来看，这个策略不是一个可持续的做法。这些可怜的创意人才早晚会逃出你在一排排工作间中构造出来的牢笼，找到能滋养他们的地方，并因他们的创意获利。

我之前提过，艾尔·奥尔康是我见过的最有创意的工程师之一，他是雅达利获得成功的关键。1976 年我将雅达利卖给了华纳，艾尔成了一名华纳的员工。在华纳的时候，他想出一个又一个了不起的想法，特别是在手持游戏领域——那可是一个非常酷也可以带来巨大利润的领域。

在华纳，他的想法都没能得到实施。他的上司没有创意，无法理解艾尔的潜力，也就是说公司里没有人能意识到他的创意并从中获利。华纳忙于尝试从雅达利2600卡带上获取更多的利润，也就没能看到2600其实已经失去了竞争力。对艾尔不断呈现给他们的新想法，他们就是不能保持开放心态。

最后，艾尔变得非常沮丧，于是他离开那里成为苹果公司的一员。但是那段时间，约翰·斯卡利（John Sculley）执掌着苹果公司，整个公司都在自暴自弃。艾尔再度离职前往Silicon Gaming（游戏公司）。这家公司理解他的潜力，在他加入之后也做得非常好。

接下来的31个点子将帮你做到帮助组织里的创意人才成为他们能成为的最有创意的员工——这是为他们好，也是为你好。

21
庆 祝

让创意人才开心的最佳方式之一就是搞点令人快乐的事情。要做到这一点最好的——也是最具性价比的——方式是举办一场开销不大的派对。是的，开个派对。如果你的公司能将一种真诚的、合议的乐趣制度化，你就能创造一个有趣的人会希望在其中工作和娱乐的环境。

在雅达利，我们总是确保我们的员工有机会释放一下情绪。官方的做法是，只有我们达到了销售的指标才举办派对。可是因为我们总能完成指标，于是每隔一周的周五，我们就会在工厂后的装卸区举办比萨啤酒聚会。费用只有不到 500 美元，结果是我们有了“一个了不起的工作场所”的名声。

举办这些庆典（除了为公司打广告之外——见点子 1）还有另外一个目的，那就是创建非正式的沟通关系。开派对可以减轻公司太把自身当回事儿的那种感觉，但是真正的好处在于，在聚会的时候，与他们潜伏在各自的小隔间时相比，人们相互之间的交流会更自由也更坦诚——尤其是在大家都喝了几杯之后。那些因为人们对提出激进的想法感到难为情而从来不会在办公室里被提到的想法，通常就会在我们面前喷涌而出。再喝几杯啤酒后，人们就根本压制不住这些想法了。

这些活动的效果都非常好，于是我们拓展了这个想法，偶尔开一场化装舞会——不仅是因为这很好玩，还因为穿上戏装后你可以成为你想成为的那个人，而不是你认为你应该成为的那个人。藏在斑斑点点的动物外衣之下或者超级英雄面具的背后让人不再害羞，也更愿意说出问题所在，提供创意的解决之道。换句话说，派对允许人们以自我面目而不是其精心建构的商业人格发言。

我们还发现，如果要求他们不要想得那么辛苦、放松一下，有时他们会提出非常棒的点子。这个想法是有科学依据的：如果你一直研究某个特定问题，独创性通常会停止发展。现在的观点是，你的大脑最多只能有意识地同时处理七八件事情，而在潜意识中，大量其他的想法和概念在脑海中漂浮。[畅销书作家、神经科学家大卫·伊格曼（David Eagleman）将这些后台的活动称为“僵尸程序”。] 如果你放松下来，会有一些不那么容易获取的想法冲到表面，其中可能就有解决问题的方案，但你是无法迫使大脑去找到它的（见点子 36）。

我们的态度是，我们永远不会知道创意何时降临——而在我们开派对时它总会出现。我们在游戏室里举办过一次特别棒的比赛，大家都在玩我们推出的某个赛车游戏。所有人都提出如果大家能同时进行比赛的话，该多么好玩儿。于是某位工程师很快在现场搞出了一个方法，把 8 个游戏串联在了一起。突然之间，这个赛车游戏从个人体验变成了社交体验。

看上去这似乎是个显而易见的举动，但之前没有人想过这么做。我们立即将该游戏投入生产，并命名为 *Indy 8*。这个游戏赚的钱很可能比我们其他游戏赚的钱都多。实际上，迪士尼世界里有一台 *Indy 8* 的机器，据说一年能赚 100 万美元，要知道，玩一把游戏只要 25 美分（或者更精确地说，是每次收 8 个 25 美分）。

之前没有人想过做出 8 个人同时玩的游戏，要是这位老兄不是在派对上玩得很开心，这个主意恐怕永远也不会产生。

不少别的公司也成功地实施了“庆祝”这个点子，利用各种活动让员工开心并提升生产力。拿TicketKick这家专门帮加州人处理交通罚单的公司来说，它有不少使员工感到愉悦的技巧，比如提供个人成长课程、办公室装修补贴、公司目标达成后的集体外出等。新员工会被请客吃牛排大餐并获赠迪士尼乐园门票。范斯是一家成功的鞋子和服装制造商，它的抽奖奖品是夏威夷之行，它还会把设计团队送到加州的棕榈泉去，或者用充气屋和高空悬索来装点家庭野餐会。其位于加州塞普拉斯的公司总部里最吸引人的建筑是一个滑冰场，用来测试产品、供人发泄。类似的，旧金山的贝玲妃（护肤品公司）提供多种多样的庆祝活动，包括月度主题派对、冰激凌社交会以及组团观看棒球比赛等。

庆祝还有另外一个好处：人们的口风不会那么紧。比方说，任雅达利再怎么努力，有时还是会雇用几个“毒瘤”经理。我们的庆祝活动通常是人们愿意让我们知道这些经理为人的唯一场合。有好几次，我就是这样发现某位经理在抄袭。他的下属中没有谁有胆告诉我这一点，直到他们端起一杯啤酒，而且早就灌了几杯下肚之后才将事实说出口。

在啤酒欢宴中发生的一个最佳故事如下。一位雇员的太太出席了某次派对，她告诉我们，她丈夫（在采购部工作）瞒着公司获取不当利益。他一直从他兄弟那里购买工具，把价格提高了一倍，然后从中赚钱。她曾为见到丈夫来参加我们的一次聚会，却发现她丈夫正和一位员工偷情，于是她决定告发他。

22

建立某种程度的无政府状态

派对（见点子 21）还有一个创意功能：与一家严格垂直化管理的组织相比，一家更为强硬的公司在获得创造力时几乎不会碰到什么障碍。公司的命令链越是扁平，从创意者到 CEO 的层级越少，从创意角度来看，公司就越出色。

派对的妙处在于，它是速效层级抹平器——它提供了一个任何人可以在其中与任何人沟通的氛围。助理可以和管理层对话，普通管理人员可以和高层管理人员一起八卦，秘书可以和董事会主席闲聊。

在我创设的每家公司中，我都会竭尽所能地防止形成一个过于层级化的组织。层级意味着有经理、下一层的经理、再下一层的经理。基本上，只要你给某人一个经理的头衔，你就是在让他们说“不”。在公司里，说“不”的人越少越好（见点子 40 和点子 41）。

更好的模式是设立一个扁平化的公司。每个人过来工作，没人告诉他们要做什么，但是所有工作都做完了。这个模型被称为“有指导的无政府状态”，也是保证创意和创新繁盛的最好方式。

大部分初创公司会创造出这种情形。如果你只有几位员工，也就只有少数几条限制和较少的“说不者”。很多优秀公司在成长过程中试图保持这样的扁平性，谷歌就是一个不错的例子。在谷歌，你有你常规的日间工作，但是公司允许你将20%的时间花在做你自己想要做的任何事情上。这个制度至少保证了某种程度上的“有指导的无政府状态”。就独立探索工作的各个方面而言，即使乔布斯也让他的员工做了比大多数人认为的多得多的事情。

还有一个例子是位于加州布里斯班的Ning.com，它为客户创建特制的社交网络。在那里，新员工和管理团队一同工作，不论职位也不论权威。另外，公司有一个无限休假制度——也就是说，员工随意休假，休假几周都可以，前提是完成自己的工作。

贾森·弗里德（Jason Fried）是芝加哥37signals.com——一家为小型商业体制作基于网络的应用的公司——的联合创始人，他创立了一个扁平化的公司，为的是鼓励员工之间相互探索并从这样的关系中学到东西。团队有修改产品的自由，团队成员轮流领导这些项目。公司还尝试避免采用传统的层级制，方法是雇用“匠人”类型而不是经理类型的员工。

与此类似，威斯康星州的建筑设计公司Kahler Slater的领导在开放布局的办公室里与雇员并肩工作，员工正忙于重新设计办公室。两位联席CEO与员工每周两次进行开放式讨论。公司在2011年被《企业家》（*Entrepreneur*）杂志评为“最佳小企业雇主”之一。

保持公司扁平化管理的最好理由之一是：创意突破并不总是来源于最高层的那几个人。好的想法来自助理、清洁工、兼职员工——这些在严格垂直化管理的公司中的隐身人。一旦公司规定，任何人可以并应该做出贡献，你得到的结果是从那些意想不到的地方听到不少非常好的建议。

弗洛基（Froggy）和伊利亚·加西亚（Ilya Garcia）是一对70岁出头但还在雅达利工厂生产线上工作的夫妻（线上大部分是20岁出头的年轻人）。我会尽可能多地走进生产区域，和工人聊天，试着发现这里在发生什么。有一天，弗洛基和伊利亚告诉我，如果我们将某些部件标准化，就能更快地生产产品。一旦他们解释了这么做的道理，解决方案对每个人来说也就很容易了。但是其他人之前没能注意到这一点。实施加西亚的改进建议之后，最终我们在每台机器上大概节省了 40 美元。

23

鼓励胡闹

让我们回到20世纪末，那时的机场里通常会有巨型广告展示牌，牌子下面装了若干按钮。如果你按下其中的一个，就会立即接入某种服务，比方说某家汽车旅馆或者某家租车公司。有一天晚上，史蒂夫·沃兹尼亚克决定搞点乐子：他驱车来到旧金山机场，对其中的某几个设备进行了重新编程，将公司的电话号码替换为他朋友的号码。当天深夜，史蒂夫的朋友开始接到人们来电询问诸如“你们有中型车吗”“你们的房间一晚收多少钱”这样的问题。

史蒂夫·乔布斯也是个喜欢搞电话恶作剧的人，不过他最喜欢的把戏之一要更实在一些。他（和沃兹尼亚克）鼓捣出所谓的“蓝盒子”，来模拟电话公司用来编码长途电话的拨号音序列，这样就能让他往欧洲的任何地方打免费电话。（要记住，在那个时候，打跨洋电话是很贵的。）如果你观察守规矩的人和不守规矩的人的行为模式，就会发现可被社会接受的破坏规则的行为虽然失礼，但有创意且温厚。不被社会接受的破坏就不是如此。你不会想聘用重案罪犯，雇用犯人的公司也做不好。但是优质的恶作剧有趣、让人分心、让人发笑，如果它们真的很别出心裁，还能曝光他人的荒唐之处并助其改正。

一位朋友给我讲了这样一个故事：一位很聪明的记者几年前写了一本很成功的书，便开始太把自己当回事儿了。于是报社的朋友设计了一个富有创意的恶作剧——他们让这位记者以为有家电台要对他进行采访。一个电话打来，问了各种可笑且做作的问题，他做出了各种可笑且做作的回答。这位记者随后收到了附有录音的邮件。搞恶作剧的那帮人没有再多说什么，但是这位记者的傲慢程度马上就没那么高了。

我还在雅达利的时候，最喜欢的恶作剧之一曾发生在某人身上。他老是谈论自己打高尔夫的事情。于是某一天，他的朋友将他办公室里的所有家具替换成真的草皮和一支高尔夫球杆。第二天早晨，他打开办公室门，看到的就是一个果岭。他对自己超凡的高尔夫技术的吹嘘次数明显减少了。

办公空间中的幽默是必要的，恶作剧帮助人们学会自嘲。自大做作的人是不愿意承担风险的人，他们也不那么有创意。恶作剧文化能让员工放松。高朋是一家位于芝加哥的、曾经估值高达60亿美元的在线优惠券公司，它的CEO和联合创始人安德鲁·梅森（Andrew Mason）就是一个“臭名远扬”的爱搞恶作剧的人。梅森以爱搞各种各样的恶作剧为人所知。比方说，他会给一个不存在的员工安排一个办公空间。据说他曾聘用了一位行为艺术家穿着芭蕾短裙在芝加哥的公司办公室中走来走去。

线上鞋具零售商美捷步创造出的公司文化不仅能接受恶作剧，而且还为之击掌相庆。公司十大核心价值观之一就是“制造快乐和些许怪异”。

要把恶作剧看成为了工作上的创意而进行的带妆彩排。

警告：不要玩过火。

24
臭鼬行动

随着公司成长，它的书面工作、统筹安排以及层级关系也有了膨胀的倾向。与此同时，它们还有着创意枯竭和创新衰减的趋势。一般而言，如果公司达到拥有150个雇员的规模，就会开始变得僵化。一旦人员太多，到了每个人要记住其他人的名字、他们做什么、他们如何才能做到最好的地步，僵化程度就会愈加严重。一分一厘的支出都有人监视、产品上市的速度减缓、企业家精神丧失……很快，你的公司就基本上和别的大公司没什么区别了。

一个避免这样的僵化的好方法是设立分支。这不是说要创建一个分公司，而是说要创建一个分支位置。租赁另外一个场地，让员工去那里工作，远离官僚体系，远离停滞不前的工作进程。你需要做的一切，不过是略微“浇点水”，让他们扎根，然后看着他们培育出自己的文化。

20世纪40年代，航空公司洛克希德·马丁创立了一个特别的分支，并称其为“臭鼬工厂”。它取得了巨大的成功，这一命名也被确定下来。如今这个术语描述的是一个组织内的某个小组——它被给予高度的自主权，任务是完成那些高端或秘密的项目。有时，公司会给它取另外一个名字：谷歌的“臭鼬工厂”被称为“Google X”。在Google X，员工为特别项目（比如无人驾驶车辆、太空电梯）工作——虽然Google X在做的确切内容是如此机密，以至大部分谷歌员工都不知道。类似地，因为谷歌已经买下了摩托罗拉，它计划在公司内部创立一个高级技术及项目部。该部门将汇聚一小组专家来开发新技术并将其应用在摩托罗拉的设备上。

不少其他公司也有类似的设置：20年前，微软建立了一个名为“微软研究”的“臭鼬工厂”，通过基本的和实用的研究推进计算机技术发展的最高水平。类似地，福特最近也建立了一个“臭鼬工厂”。该工作室有85名成员，他们在重新设计公司的林肯汽车。

雅达利也有自己的“臭鼬工厂”。它位于加州草谷的一个废弃的“二战”时期的医院中。这里高墙耸立，布局古怪，地下室还有一个应急发电机。建筑坐落在一座坡度平缓的山上，松树环绕。我们不少人认为那是这世上最漂亮的地方之一。

在草谷，我们配置了一个具备电子或机械方面独特技能的工程师核心小组，并将其分配到各特定团队。这些人都很有创造力，却在总部慢慢“凋零”。一旦自我运作后，他们很快就开始发挥想象力。很多雅达利最好的产品是在那里被酝酿出来的，其中包括为雅达利带来强劲利润流的驾驶游戏。我们还做出了雅达利2600的核心设计，它是一个销售额达数十亿美元并启动了家庭游戏终端业务的产品。

你应该将你的“臭鼬工厂”放在离你中心办公室多远的地方呢？这取决于你要关注多远的未来。如果你关注的是创建应该很快诞生出来的项目，你的“臭鼬工厂”可以和中心办公室在同一街区。你的创意人员可以走过去，但不会和你面对面。如果项目的时间线还很长，“臭鼬工厂”也要放置得更远才是。我们的“臭鼬工厂”距离总部有两个小时的车程——我不必对它进行定期检查，因为这些创意者关注的项目还有一年或者更久才能完成。

把你的“臭鼬工厂”放得远远的还有别的好处，好处之一是你可以将规矩放松。也许你的公司不允许员工在工作场所过夜，但在那里他们就可以过夜。也许这里不允许带狗，但那里欢迎带狗。也许总部办公室有着装要求，但那里的人可以想穿什么就穿什么——只要不被警察抓起来就行。

另外，在总部办公室，你需要维护一些麻烦的东西（比如保安、胸牌和组织架构）。这些约束都会阻碍创意。在“臭鼬工厂”，你不需要这些。

对“臭鼬工厂”施以相对的隔离还让人有机会躲避总部的日常“风暴”。大部分公司有一个主要的“赚钱机器”，那是一个关键产品或服务，吸光了大部分可用的人力资源。在大部分地方，这一赚钱机器通常都处于某种危机之中。结果会导致一种自然而然的倾向，就是拉动尽可能多的资源来处理紧急情况，因为赚钱机器是业务的核心。

奇怪的是，很多人很难意识到未来也是业务的核心，业务有着受“现在”这个“暴君”拖累的倾向。人们认为“现在”胜过“日后”。但如果没有“日后”，“现在”也不会给你带来多大的好处。这就是你不想让创意项目被日常的混乱拖累的原因。如果所有员工——包括那些最有创意的员工——忙于内部斗争，那么什么事情都不会发生。

提醒诸位，“远离”在当今已经越来越难做到。这里我们就不再感谢Skype、短消息、推特等工具了。所以你不得不将你的“臭鼬工厂”隔离，不光要与那些紧急事件隔离，还要与日常生活的琐碎隔离。如果这意味着禁止电子通信，那就采纳它并尝试做一做。

25
培育公平

不少人认为自己能操纵任何系统，也就是说，他们能想出办法为他们所做的那些不能直接与正面结果关联的行为争取功劳。

系统操纵对英才管理是致命的，因为如此操纵的人破坏了所有表面上的公平。但操纵者通常对他们进行的操作毫不掩饰，这往往让周围其他人更加恼怒。

从长远来看，最好的方法是防止任何人独占一项创新或者想法的功劳。在雅达利，每当一个好主意开始在现实中成型时，我们都会试着将它与尽可能多的、对想法成型做出帮助的人相关联。这一策略建立了公平，公平是有用的。

一个概念的想象、呈现、执行和实现很少是由一个人完成的。一个人想出来的好主意很少是完全成型的。从研究出最初的想法到产品或者服务首次发布为止，需要决策者做出一堆决定。每个这样的决定都需要某人做出，他极有可能是在为最初的想法做出一个重要的，但不一定总是显而易见的补充。

另外，要是最早的那位创造者对他的想法持有过多所有权，他很可能试着对其施加过多的控制（他会说，毕竟这是他的，而且是他首先想到的）。假定他是第一个想到“了不起的450号部件”的人。如果给他完全的自由，他可能会成为该部件上所有事情的仲裁者，包括其利益、改进等。

他的势力太大了！任何公司都绝不应该给最早想出那个想法的员工授权，让他能压制做出改进的人，哪怕这个产品和“了不起的450号部件”一样出色。一项出色的产品或服务更像是众多细小改进和点子的集成，而不是一道突如其来的闪电。

操纵功劳会引发的另外一个问题是，如果某人能将所有功劳揽于一身，就会创造出一种个人所有权文化。如果你能将一切揽于一身，独享所有的荣耀，那为什么要将下一个好主意分享给团队呢？

良好的公司文化能让公司形象与各个员工的形象融合在一起。苹果公司创造了这样一个环境，让它的零售员工哪怕收入相对较低也乐意为公司工作，同时一般能在大概3个月的时间内完成75万美元的销售业绩。苹果零售店雇用的

43 000 名员工中大约有 30 000 名员工年收入在 25 000 美元左右。大多数资料来源显示，他们热爱自己的工作。这种忠诚度可与爱国精神媲美。

你会希望自己公司的服务或产品能以公司之名为人所知，而不是被打上某个特定创意人才的标记。这样的想法在集体中存续越久，集体中的每个人就会更加富有、更加开心。

26
隔　离

帕哈楼沙丘城是蒙特利湾上的一块沙地，在加州圣克鲁兹以南约 32 公里。此处风景宜人，各类形状奇特的矮树点缀其间，建筑风格充满趣味的海景房由木板路相连。在雅达利的时候，我们觉得此处是举办创意活动的绝佳之处，哪怕它离我们的总部有 160 公里以上的距离。

到了那里以后，我们就会吃吃喝喝、抽烟饮酒、玩游戏。当然，我们也会谈业务。一开始，我们会先概述行业现状，然后讨论大家需要分享的任何知识，包括展销会、潜在竞争对手的产品、分销商等，最后讨论可能的项目。

帕哈楼的活动如此富有成效不是因为那里风景好——靠海，日落景象壮观（当然这些都起到了作用）——而是因为一旦你到了那里，就没有别处可去。那里和宾馆或者会议中心以及其他地方不一样。在很多宾馆或会议中心，会议结束后人们可以四处闲逛，做想做的事情。在帕哈楼，我们互相依赖，进行“宕机时间”的活动。

这就是你建立团队的方式：通过沟通建立团队——哪怕是强迫进行沟通。一个健康发展的公司总是会促成员工之间的交流。促进交流的最佳方式之一是逼迫员工花时间待在一起，而不管他们愿不愿意。

如果大家待在一起，平时不愿聆听他人的人也会开始聆听，甚至平时不愿对话的人也会开始对话。如果没有别人可以说话，就能产生有趣的对话。

另外，这样的“逃离”充满各种强制性的集体活动。在进行活动时，我们发现玩游戏（比如“冒险与外交”）就像是穿起戏装（见点子 21）。我们让自己走出平常的规范状态，在他人面前说出感受到的、之前觉得不能自在地说出来的东西。

我们还发现，隔离 3 天之后，我们互相理解了对方。几乎所有人都能在会议室里“戴起面具”并保持一小时，但很少有人能在一个完全不同且隔离的环境中、在 3 天的时间里都做到这点。面具被摘下后，你会发现他们真正的面目。员工之间如果相处得很愉快，会互相对话，总体而言沟通更好，那么作为一个团队运作起来就会更有效、更有创意。

如果你对如何进行一次“撤退”没有把握，你会发现整个行业都在帮你把员工队伍带到古怪或者冒险的地方。请隔离他们然后把公司变得成功!

个人隔离

隔离不仅对一组人的心灵有好处，对个人的心灵也有好处。拿我自己来说，每周总有那么几个小时，我需要撤退到自己的私人空间去。我在那里花越多的时间，就越是有创意。乔布斯也是隐退行为的忠实“拥趸”。他总是对我说，独居冥想是唯一能让他感到脚踏实地的途径。实际上，他在生命后期曾对我说，他将其健康问题归咎于自己在 1997 年回归后在苹果公司里发现的他所谓的“问题泥沼”，自那时起，他再也没有时间从世事中撤离了。

史蒂夫一直很享受冥想。实际上，他在 20 世纪 70 年代中期前往印度就是为了冥想。雅达利为他的旅行支付了费用。他告诉我们说，他在离开之前想要辞职，但是由于我们欧洲公司出了问题，于是我们告诉他，如果他前往欧洲并解决问题，我们会支付路费，他可以经由印度返回美国。

在印度的时候，史蒂夫得了一种与血液相关的疾病，回国的时候身体不好。他又重新加入雅达利，并和史蒂夫·沃兹尼亚克成为我们非常成功的游戏《打砖块》的冠名工程师。其他工程师都不想做《打砖块》这个项目，因为那是一个小球及板类游戏。*Pong* 以及类似游戏的热潮消退后，这类游戏的市场已经枯竭。但是两位史蒂夫看到了其他人看不到的潜力。

史蒂夫一直是一个保持简单生活和沉思的爱好者。举例来说，通常是他来拜访我，但是在 20 世纪 80 年代，有一次我驾着摩托车出行，决定去拜访他，顺便看看他一年前买的房子。我敲了敲门，他过了很久才回应——我应该是把他吵醒了，虽然那时已经是下午了。接下来他把我带进家，家里看上去就像他刚搬进来一样——几乎没有任何家具、任何食物，只有茶和水果。然后我们坐在后院树底下的一张长椅上，他对我说这座房子代表了他生命中一直以来的追求：杂乱程度越低越好。

我深信，如果谁想要变得有创意，就必须找到一个地方，让他（她）的思想可以独处，不被繁杂的事物影响。有那么一块地方、一种状态，存在于有意识的推理和梦境之间，存在于睡觉之前或者刚醒来之后。就是从这个状态开始，想象力开始喷涌。

27
支持坏主意

在帕哈楼沙丘城，我常常会通过我最喜欢的把戏之一来提升创造力：我让每个人做一张表，列出在会议中提到的所有想法，然后由好到坏给它们打分。然后我会挑出列表中最差的6个项目，说："让我们假定，接下来的几个月中我们因为条件限制只能运作这6个项目。怎样才能让它们出成果呢？"

这个过程使人们常规的心理活动发生了反转。我们的目的不再是试图找出某个东西有什么地方不对——这会触发人们的危机本能，现在我们必须找出某个东西里有什么是正确的——这会触发人们的创意本能。

每当我们进行这样的练习时，最差的6个项目中都至少有一个会被证明它不仅仅是好项目，而且是了不起的项目，并最终成为我们的利润制造机。其中最好的例子是枪击游戏《打鸭子》，其玩法是玩家用枪去射击野鸭。一开始，这个想法听上去糟糕透顶，但是当我们想出方法让游戏枪以一种非常聪明的方式运作，游戏最终变得非常成功。

我从我高中的辩论教练那里学到了这个很特别的技术。他在我们练习的第一天说，我们必须学会就任何论点的两方面进行辩论。我们很快发现，为某些你不相信的东西进行辩论将颠覆你对这个世界的理解，帮助你看到之前没能看到的问题。

当今教育系统的一个问题是，它经常将最有创意的人变成最没创意的人。这个过程不断地教育孩子要自我修正、要合拍、要融入。如果詹妮画的花看起来不完全像老师的概念中的花朵，詹妮就是画了一幅糟糕的图画。到最后，詹妮学会了这样说："这不是他们想让我做的，那我最好合拍，否则我的成绩就不会好。"

成功公司的目标是反过来做：它们鼓励古怪的、不寻常的、引人注意的东西。这可能是你公司所能知道的最重要的成功推动力。

28
庆祝失败

如果人们不愿提出糟糕的想法，他们一定是害怕失败。但如果他们太害怕失败，就不大会成功。你的公司必须将失败作为一个可以被接受的选项。

当然，你永远不会真的为了失败而做计划。但只要你尝试一些新东西，失败就可能发生。这是肯定的。如果你学习滑雪却从未摔倒，那么你永远不会进步。要学习新技能必须冒新的风险，必须先失败才能成功。失败是一位很重要的老师。

另外，失败从来就不是全部。你必须看到项目的方方面面，才能判断它是不是真的如你最开始担心的那样是一场灾难。事实就是，只要你多加注意，就能从失败中学到很多东西。害怕失败以及害怕谈论失败的人会错过那些由尝试不同的新鲜事物而带来的优秀数据。

比方说，苹果公司于20世纪80年代早期推出的丽萨电脑是一个失败的产品。丽萨又慢又贵。没有人喜欢，也就卖不好。但是苹果公司从丽萨的失败中学到的好多东西出现在下一个型号Mac（苹果公司自1984年起开始开发的个人消费型计算机）中，该型号取得了巨大成功。如果丽萨不是那么糟糕，公司也就不能想到如何才能把Mac做得那么好。

与之类似，第一家查克芝士店也失败了。我们赌的是500平方米面积足够我们餐厅用了，但是开张第一天我们就意识到自己犯了一个糟糕透顶的错误。餐厅的地方太小了，现场令人很不舒服：每个人都和别人紧挨着挤在一起，整个场地声音嘈杂、一片混乱。如果有谁会再度光顾，我才会感到奇怪。但是现在我们知道到底是哪里搞砸了。我们的下一家餐厅有2 000平方米，是一个巨大、宽敞、漂亮的地方。我们肯定不会尝试第一家店就开那么大，因为之前没有哪家餐厅有那么大。但是事实最终证明那才是我们要的，只有通过失败我们才明确了这点。

进一步地说，接受失败是你业务中必要的一部分，它可以免得你的员工一直担心如果他们做了什么错事就会被弃而不用。害怕失败会形成一个对所有新想法说“不”的组织。这家组织会一直说“不”，直到某天关门大吉时说出最后一个“不”:“不再经营”。

商业历史中不乏那些几乎失败，但用这些失败的教训重新造就自己的公司。比如在20世纪90年代，世嘉公司与任天堂还有索尼展开激烈竞争，夺取电子游戏终端市场的主导权。世嘉的Dreamcast终端没能成功之后，公司处于倒闭边缘。世嘉决定重新组织公司架构，并在2001年决定完全放弃对终端的制造。通过集中精力为其他终端发行其广为人知的品牌游戏以及收购其他较小的游戏制作公司的举措，世嘉在2005年重新回到正轨。

我最喜欢的失败故事之一是关于几乎每家必备的产品WD–40。如此命名是因为该产品的前39个版本都失败了。WD–40的意思是“排水量，配方40号”。

自然有不少企业家一开始失败了，但最终获得了成功：盛田昭夫（Akio Morita）创建的公司的第一个产品是电饭煲，不幸的是，它把饭烧煳了；公司在别的领域不断取得成功——它就是如今的索尼；亨利·福特的前两家汽车公司都失败了，但是这并没有阻挡他建立福特汽车公司。

即使是那些在获得巨大成功路上走到一半的人也会经历惨痛的失败并从中吸取教训：我们都知道理查德·布兰森（Richard Branson）爵士的维珍唱片公司和维珍航空公司，但又有多少人记得维珍可乐和维珍伏特加？

当然，失败也分正确的方式和错误的方式。失败是有用的，但太多的失败会让你一蹶不振。除非你准备破产而且有足够的理由这么做，否则在任何一项想法上赌上的资产不要超过某一小部分。这样一来，这个项目可能完全失败，但你还可以生存下来，同时学到很多有价值的信息。

29
需要风险

所有人都知道，冒险是有必要的。如果不是有人愿意走入——不管是字面上的还是象征意义上的——那些未知领域，科学、探险、医药以及商业中不少最伟大的进步都将不会出现。想想莱特兄弟，他们第一次飞上天空；民权英雄罗莎·帕克斯（Rosa Parks），首先坐在了公交车的白人专区；文艺复兴时期的科学家伽利略·伽利雷（Galileo Galilei），冒着生命危险违背天主教会的禁令成为“现代天文学之父”；还有印度领导人甘地（Gandhi），为了争取独立曾冒着生命危险领导了非暴力不合作运动。

如今有很多公司之所以能生存，是因为它们的创始人愿意冒险。例如在线音乐服务商潘多拉。2001 年的时候，它的所有者没钱了，于是大家决定冒险赌上一切来搏一搏公司的未来，也就是说超过 50 名员工两年内不领取工资，创始人蒂姆·韦斯特格伦（Tim Westergren）将 11 张信用卡都透支到极限，直到2004年，一笔800万美元的风险投资拯救了公司。如今，潘多拉公司价值15.8亿美元。还有戴森公司的创始人詹姆斯·戴森（James Dyson）爵士，他对自己能发明一台了不起的吸尘器的能力深信不疑，为此他制造了超过5 000台样品，欠下了400万美元的债。在2011年，公司营业额达10亿美元，戴森的个人财富据说已经超过了20亿美元。

尽管我们互相传述着只有冒巨大的风险才有可能获得巨大成功的故事，但是风险还是让大部分人感到害怕。为什么会这样？因为他们害怕不确定性和失败，但风险打开了这两种可能性的大门。

风险的确切定义牵涉未来不确定的结果，这让我们的大脑感到不快。大脑希望能对未来做出精确的预测。我们对环境越是确定，就越是感到安全。这个道理亘古未变。我们应该种植何种作物，我们的敌人拥有怎样的力量，将来天气会如何，那边的剑齿虎会不会把我们吃掉？

如今，我们不会冒很多生死攸关的风险，但是我们会冒一些对我们的业务来说生死攸关的风险——人们往往害怕这些风险。

如果公司希望创造一个健康的生态环境从而让创造力丰

富起来,最佳做法之一就是考虑风险。这不是说要做一些愚蠢或者计划不够周密的事情。有聪明的风险也有愚蠢的风险，还有处于这两端之间的风险。所有公司都要有一份预算，允许公司在不能保证成功的项目上、在允许创意人才想出方案解决其他人还没能看到的问题上，花费一定数量或者一定百分比的金钱。

当然，对于某些业务——特别是那些小业务——风险是他们唯一能知道的可能性。在雅达利，我们整个的业务模型都基于风险。我们的竞争对手在市场方面比我们更大、更强、更好，所以我们被逼着依靠自身的创意文化求得生存。鱼才是最后一个发现水的。我们就是鱼，这就是我们所知的一切。[①]

如今，由于业务环境变化得如此之快，公司必须要有创意才能生存，哪怕这意味着改变其原本规避风险的文化。显然，聘用一名乔布斯是这种改变的一部分。但事实是，哪怕到了今天，也几乎没有公司愿意聘用乔布斯。这是为什么呢？因为他是一个“出格的人”。对大部分潜在雇主来说，乔布斯看起来就像是一个穿着邋遢的怪人。而这么一个穿着

① 原文是“The fish is the last guy to understand water”。其含义是，鱼一辈子生活在水中，没有其他的生存环境，因而无法发现、理解水是什么。这个谚语说的是，如果某人完全沉浸于某样东西之中的话，就很难去看清、认清这样东西，即“当局者迷”的意思。这里采用直译。——译者注

邋遢的怪人可能就是那个能让你的公司获得最高市场价值的人。

在21世纪，冒险不该被当作一个备选项，这是一个必选项。但还是有太多的公司变得如此害怕风险，一旦需要做出快速、具决定性以及有力的行动时，这些公司就无法做到。这也是公司必须允许自己的创意人才冒险的主要原因——如今的业务环境变动太快，任何时候都可能出现另外一家公司夺走你的客户的情况。为了反击，通常有必要采取冒险行动。但如果公司没有冒险的文化，一旦出现这样的必要情况——这样的必要情况一定会出现的——你就不知道该怎么做了。

简而言之，冒险是强制手段，因为它是保证未来成功的最佳方式。

但不要忘记，冒险就是冒险。我很艰难地学到了这个教训。在1984年，我想发明一种小型机器人，它是朋友、仆人和宠物的结合——它是一种机械生物，可以与你愉悦地进行交流、帮你拿东西并管理你的日常。有这么一个可爱的小金属伙伴，能让生活略微有规律一点，让自己不那么孤单，谁会不想要呢？

我认定这是一个了不起的想法，于是投入了我能筹集到的所有现金（1 400万美元）。但是这个机器人没法工作。所有东西都很到位，但只有一个问题：小东西在家里漫步的时候，它会累积静电，然后它的电脑就会崩溃。如果你的电脑崩溃，你会看到蓝屏，这会让你抓狂。但仅仅如此。如果一个 18 千克的机器人崩溃，它会从楼梯上摔下来然后砸到某人。蓝屏宕机总比真的出人命要好多了，我们称这个问题为“摧毁婴儿模式”。这太糟糕了。

我们想尽办法，也无法令机器人的电脑绝缘、不受静电的影响。最终，这家公司没能成功。虽然我将部分技术卖给了柯达，但总的来说那是一场失败。

这是我第一次感受到来自技术问题的威胁。我最关心的一直是市场和价格问题，从来没有想到我会没有办法解决什么技术问题。在技术方面，我太傲慢了。不过我再也不是如此了。

更重要的是，我学到了不该把所有的鸡蛋放在一个篮子里的道理。从那以后，我宣布我的公司永远不会冒险将超过 10% 的预算投在古怪或者特别的东西上。尽管你必须保持冒险的态度，你也必须在分配多少资源进行冒险的事上保持理性。

你还要非常精准。你将在下文看到，大部分人是这样讨论风险的。

"这个项目我们可能会损失多少？"

"不少。"

"比我们能承受的损失多多少？"

"多不少。"

"从长远来看，此项风险会让我们付出怎样的代价？"

"可能会输掉全部。"

这样的对话没有什么用。你想要的交流应该更像如下。

"如果项目破产，我们会损失多少？"

"2 万美元。"

如果你尽你所能将风险进行量化，那么面对因风险产生的恐惧时你也会更轻松一些。风险评估要真实。这样你就可以放心走开，不用担心一个失败会把所有一切都搞砸。你越是了解你将冒的风险，越能更好地以赚多少钱或者亏多少钱来量化它们，你就越有可能做出一个可靠的决定。抽象的对话只会加剧人们对风险的恐惧，而实实在在的对话会消除恐惧。

用数据来面对你的恐惧。

30

奖励失败

如果你的公司不曾时不时地犯个错误，你就还没能跳出桎梏。我总是觉得，那些实在糟糕到令人着迷的想法值得我们加以认可。为什么不能通过庆祝犯错让犯错变得不那么可怕呢？

因此，在查克芝士，我们成立了所谓的“火鸡奖”。我们每年会邀请全国的区域经理来参加 4 次晚宴。我们在宴会时讨论前 4 个月我们有何成功，同时讨论下 4 个月的计划。宴会期间，我们会举办常规的餐后颁奖典礼，颁发的都是各种常规的餐后奖项：最佳雇员、最佳经理、最佳成就等。但是，接下来的就是万众期待的项目：火鸡奖。此奖项授予前 4 个月中最大的失败之举。奖品是我在一个墨西哥集市中找到的东西：一件 45 厘米高、面目可憎、形似家禽的锡制品。

我认为，承认犯了一个最显著的错误并就此嘲笑一番，我们就能略微从中解脱一下。因此我们接受来自基层的提名，让他们为最糟糕的失败鼓掌。

在接下来的4个月中，得奖的人必须将这个丑陋的锡制火鸡放在他的桌子上。

有一次，奖项颁给了我们的运营经理。他提出让客户自己清理桌子。他认为，如果能让清理桌子变得非常有趣，那么人们会愿意自己来做这件事，我们可以节省大量的人力成本。

该做法是设置一个巨大的硬币槽，如果你插进一只比萨盘子，就会吐出一枚代币让你玩游戏。插槽边上是一个玻璃纤维制成的角色，名为“咀嚼先生”（它很喜欢吃比萨）。它张着大嘴，嘴里是一个抽风机，能从你手上吸走纸巾。纸巾吸进它的嘴巴后，它会打个嗝，然后说一句：“谢谢你！”所有人都很喜欢这个做法。

但问题就出在这里：人们太喜欢了。我们真正开始实施这个想法的时候，小朋友们会扫描各个桌子，寻找无人看管的比萨盘子。不少客户会把食物放在桌上然后去游戏室，等回来后却发现他们的比萨留在桌子上，盘子被孩子们拿走并塞进了机器。

这是最佳的“火鸡奖”。

31
导 师

导师太有价值了。虽说这是一个用烂的词，但并不意味着它是陈旧的概念。导师能起到帮助所有年轻人或者工作新手的常规作用，但总体而言，创意人员比其他人更需要导师。

从定义来看，创意人才的工作总是与众不同、富有创意、新颖独到。这也意味着他们周围的大多数人不能理解他们在做什么、为什么要这么做以及进展如何，甚至可能对“什么”是什么也没有任何概念。

这就将创意人才置于几乎总是与公司其他部分发生冲突的位置。他们站在那里，试图向老板解释他们的新项目，而这些“砖墙”的回答是：“我就是没明白。”那是一种简单且纯粹的拒绝，是很伤人的。想要有创意就要经历为数众多、持续不断的拒绝。

这些项目也许无法让人理解，但这样的项目是你公司的驱动力。然而通常的情况是，推动这些项目的人被修正、被管理、被抑制，这些项目——如果得到恰当的开发和监督就能让你公司赚大钱——甚至没有启动的机会。

每个公司都必须确保有人支持创意人才的创意：此人必须立场坚定、明确，并能帮助他们走在正确的轨道上。这就是导师的角色。他让这些创意人才不再有这样的感觉：他们被拒绝以及如此孤立，他们的工作不过是受罪。他主动出面与官僚体系做斗争，哪怕他也还没有掌握这个产品。他不需要总是对他要保护的人在做什么有确切的理解，只要愿意为他们争取能如此做的权利就很好。如果他能出色地完成他的工作，公司会得到巨大的好处。如果他做得很糟糕，你的竞争对手就会夺走你的市场。

公司外的导师也很重要。大部分公司不知道如何指导自己的创意人才，因此如果这一情形也发生在你的公司，就要试着将你的创意人才与公司外可能成为导师的人加以联系。

乔布斯来我家不是为了从我这里得到想法。他要为自己的一些想法找到共鸣，如果我支持这些想法——不管这些想法多么古怪——他就能得到一些鼓励。我也经常不能完全理解这些想法，但是我会告诉他，他似乎有着清晰的愿景，只要他能预见到正面的结果，他就应该保持方向，哪怕周围的人都不能理解他的目标。

我记得有一次乔布斯来到伍德赛德和我讨论Unix（尤尼斯）操作系统。那几年他已经离开了苹果公司并成立了NeXT计算机公司。对于微型计算机来说，Unix是一套既昂贵又笨重的系统，对他来说，是否要采用该系统是个很困难的决定。他对如何做没有把握。

我鼓励他按照本能行事。在当时，Unix显然是最好的架构，但确实有问题——它是内存和处理器的杀手，运行它的机器都被拖得很慢，而且它的光驱也很慢。人们在科学工作站上用这个系统，而乔布斯想让NeXT处在工作站和个人电脑中间的位置。

当然，Unix有很多出众的地方，它有着美妙的多线程结构——你可以同时运行不同的应用，这在当时的个人电脑领域是闻所未闻的。有了Unix，如果一个应用崩溃也不会让整个系统崩溃。

我们花了几个小时讨论Unix，反复讨论它的优点和缺点。我不认为我的作用是告诉乔布斯要做什么，我不过是让他聆听自己就该问题的两面进行的自我辩论，然后让他知道我完全支持他，而且对他会做出正确决定有信心。

最后，乔布斯决定使用Unix。尽管事情的进展不太完美，但确实被证明是在正确的时间做出了一个正确的决定。1996 年，苹果公司最后以 4.29 亿美元收购了NeXT，而且苹果的下一个操作系统也是基于Unix。

我也有过不少了不起的导师。其中最棒的一个就是鲍勃·诺伊斯（Bob Noyce）。他有着“硅谷市长”的称号，联合创建了仙童半导体和英特尔，也分享着发明微处理芯片的荣誉。我在美国电子工业协会举办的一次晚宴上认识了鲍勃。我们显然都喜欢下国际象棋，于是我们开始经常对弈。

鲍勃对我帮助巨大，特别是在业务建议方面。在当时，年仅 29 岁的人运营着一个大公司的情形很不寻常——考虑到如今有那么多年轻高调的执行官在运营业务，这也许很难让人相信。事实上，这令人害怕。没有人真正了解我到底多害怕。我处理害怕的方式是认为那些恐惧都是假的，这让我犯下很多错误。我花了很多年才发现，不知道所有的答案并向他人求助其实是可以被接受的。

鲍勃帮我学到了这点。他让我有信心相信自己，因为他信任我。由于他如此睿智，说出了一些非常直观的东西进而改变了我的生活——无论是个人生活还是商务生活，他总是让我感觉自己像是一个青少年。这些深刻的见解通常是对一个简单问题做出的回应，甚至只是对话时他冒出的隽言妙语。

我举两个例子。

“如果别人的业务看似很简单，那就说明你还没有足够了解它。”只要我认为自己发现了一个别人业务中忽略掉的机会，我就会一再思考这句话。随着调查不断深入，我几乎总是会发现在我随意的分析中没有注意到的障碍。

“失败产品或项目的例子很难找，成功例子找起来就容易多了。”换句话说，失败的产品通常被刻意掩盖，或者由于它们没能得到推广，也就从未得到广告宣传或者根本就没有被市场注意到。20世纪80年代末，我有一家玩具公司，我们不断制造原型然后将它们呈现给玩具反斗城的买家以征求意见。很快，我们和这些人交上了朋友。他们对我们很多的产品表现得非常热情，但是仍然会不断地说：“啊，又是老一套。”然后他们会举出一家曾试图推广同样想法的公司，并描述它如何在市场上输得一塌糊涂。一旦我们有机会讨论这些失败的产品，它们为什么失败就很明显了。我总是对自己之前没能看到这点而感到尴尬。

32

把员工视为成年人

不少公司的文化围绕着这样一个观点：不能信任创意人才，而且你需要不断地指导他们。这就是我所说的“幼儿管理学院”。把公司的创意部分交给一群真正的幼儿园管理员来运作，结果也不会比这样做差到哪里去。

问题在于，更多的时候主管才是真正的儿童。大部分公司中，创意人才工作勤恳，致力于创意，却没有得到恰当的鼓励，反而会因其孩子气的想法被蔑视。这就是为什么连载漫画《呆伯特》（*Dilbert*）如此强有力地指出了这点：劳动大军中的我们大部分（也许是所有）人都有一个老板，其智力水平根本不达标。

这种情形实在常见，因为某人在基础级别上做得很好，最终会被提升到一个他不能胜任的位置，即所谓的彼得原理：雇员有着升到他们不能胜任的级别的趋势。

这也解释了为什么那些需要做出决策的人往往是最不理

解这些决策复杂性的人。他们不是参加了最近展销会的人，也不是一直在互联网上梳理新想法的人，也不是那种因为参与其中而知道企业文化发生了什么变化的人，他们的新工作（所谓的责任经理）让他们与市场的实际情况相隔离，他们就是这么一些人。结果就是他们不能理解创意人才在做什么，他们对创意人才过度监管，试图驾驭创意人才而不是鼓励创意人才的想象力流动起来。

大部分的管理方式是什么？它们的所作所为就像创意人才都是孩童一样，不让他们将有趣、冒险、可能有价值的想法付诸实践。

好的管理方式应该是什么？把创意人才视为成年人，帮他们将有趣、冒险、可能有价值的想法变成现实。

注意：管理层还有另外一个关键任务。创意人才通常都是糟糕的交流者。举个例子，史蒂夫·沃兹尼亚克可能是我见过的最糟糕的演讲者——他几乎从不说话，我们说话的时候他也是看着他的脚而不是我。在之前的那段日子，他显然是个超级创意人才，但要没有乔布斯，没人会知道这点。（沃兹尼亚克后来成为一个很老练的沟通者。）

让人具备高度创意的本领不一定就是让他们善于表达或者伶牙俐齿。因此，经理的另一个重要任务就是帮他们进行交流——认识到他们项目的好处，然后成为他们在公司内部的公关总监。一位伟大的经理是一位伟大的（成年人）啦啦队队长。

33

建立创意链

如果你问一群人是不是创意人才，几乎所有人都会说自己是。如果你在演讲的时候询问所有听众，请相信创新的人举起自己的手，每个人都会举手。但到了给你老板呈现你的新想法时，很大的可能是没人会相信你。创意革新实在太激进、太让人害怕，而且很不幸的是大部分人不会相信。这些想法在抽象世界里很棒，但在现实生活中糟透了。

包括很多公司的经理在内的不少人都有拥抱创新的想法，可一旦面对特定的创新，他们就会变成强有力的“说不者”。他们和乔布斯是完全相反的一种人。乔布斯本身不是一个特别有创意的人，但他对创意的接受度非比寻常，非常愿意冒风险。他拥抱革新而且推动革新。

有人说，创意就是掩盖你（思想、想法等）来源的艺术。你看到某样东西然后说道：“咦？这个很有意思。如果它能这样或者那样，就一定会成功。”然后，如果你帮忙促成这样的改进而且确实有效，你便能就此获得某种程度的承认。你不是提出这个想法的人，但是你看到了它的潜力。

事实就是，创意想法、产品或服务从来都不是一蹴而就的。它们在循序渐进、一步一步的分析和解决过程中演变。要让这样的累进得以实现，你必须有一条命令链（理想情况是尽可能短的链），尽己所能地推进好想法并帮助这些想法走向成熟而不是加以扼杀。如果你的管理系统包含很多步骤，每一步都需要事先得到批准，批准又必须来自那些心存狐疑的管理层，那创意就枯萎了。

为了保证创意想法的繁盛，要审查一下创意想法是否可能以及如何“冒泡”到公司的顶层。命令链是否在培育并鼓励这样的想法？还是说这一链条将这些想法拉了下来，致使它们永无见光之日？

公司必须自问：“我们真的想要创意吗？”有些公司聘用了一批又一批的顾问来讨论创意，可这些公司所做的一切不过是增加命令链，来阻止而不是刺激创意。我的想法是建立一个管理流程，一步一步地承认、改进并执行创意想法。如果你的公司不这么做，公司是不会长久的。

34

建立创意空间

我们在寻找地盘以启动数字娱乐公司uWink（我的第18家初创公司）的时候，最终在洛杉矶找到了完美的大楼：它有很多空间，地段绝佳且价格非常低。大楼只有一个其本身的问题：那是一个废墟，不少楼层被分割成众多又黑又小的办公室，天花板上垂荡而下的是污渍斑驳、破损严重的天花面板和令人讨厌的小且轻的固定装置，像是生了病的动物。地毯破损又污秽不堪，墙面更糟糕。那里看起来就像是一直在开着狂欢派对，但从来没有人在事后进行清理。

我们想要让这个地方变得“宜居”，但又不想花太多的钱。于是我们决定把所有的墙面都用黑板漆刷一遍，然后竖起刨花板，将这长长的一段黑色墙面隔开。大概每隔3米，我们就放上盒子，其中装满粉笔和黑板擦。

这个地方最后成为创意天堂。人们会在办公室外面的墙上写下自己的名字，然后以各种搞怪的方式写下各自的职位。这么做的人不多，但凡是这么做的人很快就让这一做法变得古怪且令人着迷。有一位老兄在墙上写下自己的名字，又在名字上方画了一顶皇冠，然后给了自己一个封号：魔法王国领主。

我们意识到，粉笔有很多好处，但最了不起的功用是它的非持续性，这能鼓励人们在墙上涂鸦时发挥创意，因为这么做没有任何长远的风险。我本来同意员工用油漆在墙上任意涂画，但油漆是永久性的，涂鸦会面临较大的风险——不管你创造了什么都永远消除不了。于是什么都不会发生，也没有人会在墙上涂鸦了。

人们问我，这是不是我所创立的最有创意的公司。我会说："不是。之前我就有这么多有创意的员工，只是他们未被允许在墙上涂鸦。"

不少年轻的公司在尝试使用那些不寻常的场所。比方说，西班牙设计公司Selgas Cano的办公室坐落在马德里附近的森林中，形似一节巨大的地铁车厢。办公室一半在地上，一半在地下，员工能透过一块树脂玻璃看到森林的风景。

还有这家成衣制造商Comvert，它新总部的场所以前是一家电影院。为了充分利用电影院通透垂直的空间，公司在仓库上方建了一个悬挂式的滑冰场。在伦敦东区所谓的硅谷环岛，社交媒体公司Grape Digital的工作场地是翻新过的玛丽莲·劳埃德酒馆（以那位维多利亚时期的音乐厅歌唱家命名）。这个环境不光提高了生产力，而且公司还发现几乎没有潜在客户会拒绝在酒馆里开会的邀请。

写在墙上

鉴于这么多年的经验，我发现让人在整面墙上以任何媒介进行书写会促进创意。大部分有创造力的人的思维方式都比较发散。他们通常受限于纸张或者电脑显示器所提供的空间。再说了，一边与人谈话一边涂画能对交流复杂想法起到帮助。

如今我在公司的各处都安装了巨型的白板或者黑板。在其中一家公司，我们把每面墙都刷上了黑板漆，有些是绿色的，有些是黑色的。这座楼向每个人、每个员工及每个访客高呼着“创意”。

35

选定一个演示日

问题：创意人才通常会掉进他们自己的兔子洞[①]里，然后不能及时完成项目。

解决方法：演示日。

演示日是我和乔布斯经常使用的一个妙招。它发源于雅达利，并成为硅谷文化的一部分。

在技术领域，也可能在不少其他领域，90%的进展都发生在展销会开幕的前一周（在谈到其他业务的时候，也许是发生在截止日期之前）。你可以一直拖着，然后终于要采取行动了。但常见的情形是，你行动的速度不够快，然后错过了截止日期。

因此在雅达利，我们建立了软性截止日，并称其为演示日。我们对员工的要求是将产品弄到一个足够完整的地步，

① 兔子洞的典故见《爱丽丝梦游仙境》。——译者注

从而使每个人都可以看到它、思考它、批评它。通常，只是为了增加一些真实性，我们会编出理由来设定想象中的截止日，一般那会是两周以后，理由是中国的一位分销商要来拜访，一位风险投资家想看看我们的工作，一位记者要写一篇报道，等等。

在苹果公司，乔布斯把这个概念推向了一个更高的级别。他会为同一个产品启动多个设计，让它们同时进行演示，从这一堆演示中挑出他喜欢的特性，然后推动项目直到真正完成。

你的项目是什么——一次市场运作、一个网站或者一部电影——其实无所谓，不管你开始做什么，在最初的时候你对实际任务的了解总是不完整的。只有不断地在项目中工作，你才能将细节具体化。

以软件开发为例，每个项目都要被编写两次。我还是程序员的时候，当我写完90%的程序，才终于达到我的“啊哈”时刻，之后再把我已经做好的统统放弃，根据我的新想法重新开始。我有一位小说家朋友发现，他不得不扔掉一半以上之前写的东西才能最终完成作品，因为他就是需要那么长的时间才会真正理解他在写什么。

换句话说，要建立一个软性截止日来帮助你的创意人才适应那个硬性的截止日。

36
鼓励多动症

创意人才和多动症常常联系在一起。这没有听起来那么糟糕。多动症患者有其优点。创意人才的大脑往往过于活跃，如果真的能打开他们的大脑观看那些想法的话，你会看到成百上千个想法上下涌动，高声叫着以引起注意，像是小鸟们叽喳着要得到喂食一样。但是，如果有人真的试图将所有这些想法加以实施，结果将是大量的项目无法得到支持。

大部分经理采取一个显而易见的策略来处理这一疯狂的脑力活动，也就是让公司的创意人才集中注意力在一个项目上。对大部分人来说，这听上去似乎是一个合理的规划。

但事实并不如此。将创意人才局限在一个而且仅有的项目上，会让他们感到沮丧，会阻碍而不是提升其整体生产力。我发现如果你限制你的创意人才，使其只能从事一个项目，他们必须承担由此而带来的厌烦感，并通常靠浏览网页、阅读杂志、四处闲逛、从事他们能想到的任何其他事情来释放激情，从而让他们活跃的思维得到占用，最后他们只能在你分配给他们的那个目标上偷懒。

确实，对普通人来说，你不会同时给你的创意人才分配若干个项目。但是，如果你把多个任务分配给创意人才，他们往往会感觉不那么受约束，通常也能在同一时间段内完成其中的好几个，反之他们也可能只能完成一个。

这些人的“带宽”大得惊人，要充分利用这点。他们希望你这么做：给他们的工作负荷是别人认为不可能完成的，从而让他们保持产出。（要记住，这个战术只有在任务是软性的，也就是没有截止日时才有用。如果你定下严格的截止日，那么你就是在增加一个恐慌因素，会降低他们的带宽。见点子 35。）

戴维·贝尔斯（David Bayles）和特德·奥兰德（Ted Orland）合作的书籍《艺术与恐惧》（*Art & Fear*）中曾提到一个有趣的研究。在一堂陶艺课上，一半的学员被告知他们要做一把壶并据此进行评分，另一半学员被告知对他们的评分基于他们能做多少把壶。那些任务是尽可能制作更多把壶的人最终做出了最好的壶。因为他们可以试验、找乐、做他们想做的任何东西，他们的风险程度较低，所以他们做的壶就更加有趣。那些只做一把壶的人因为他们所有的成绩依赖于一个项目而感到压力，于是他们不愿冒险，最后在他们的创意之中做出了过度保守的选择。

37
预装载

大部分人会对你说，在某个特定时刻，他们只想知道他们有必要知道的东西。但创意人才不是这样。当你在给一群创意人才分配任务时，先要让他们知道他们接下来要做的项目情况。他们永远在工作，超级活跃的思维会立刻开始思考未来，哪怕他们还在为当前的项目工作。

我们愉快地度过每一天，却并不知道我们的大脑实际接收了多少信息，因为这是编程工作的方式。但是，如果我告诉某人她下一个要关注的项目是消防栓，那接下来的 6 个月中，她会注意她经过的每个消防栓，并会开始理解消防栓间的细微差别；反之，如果没有那个提示的话，她是不可能注意到的。她甚至可能不会有意识地这么做，但我再说一遍，通常我们不知道自己的潜意识在做些什么。因此，即使这个消防栓项目在一段时间内不会立刻开始，但只要项目启动，她就已经超前了。

大部分创意人才希望从知识的消防栓那里稳定地汲取水分。你越是能满足他们的这一渴望，他们就越是快乐，他们做出的成果会反映出他们的开心程度。

举个例子，1974 年，我们对雅达利的工程师说，从 6 个月后，我们所有的游戏都必须能达到欧洲标准。但当下他们不用就此做任何事情。我们注意到，当我们准备开始那个项目时，所有的工程师都已经知晓欧洲标准的来龙去脉，并且有了想法让转换过程既简单又省事。本来我们这个项目会很耗时也会很困难，但只用了不到一个月就完成了。

很多研究证实了这一“预装载”技术。按照不列颠哥伦比亚大学 2009 年一项研究的说法，解决复杂问题的那部分大脑在我们做白日梦或者从事平凡任务时，其实在后台非常活跃地运作着。这项研究被大脑活动的 MRI（磁共振成像）证实，结果发现当我们如此使用我们的大脑时，所谓的“执行网络”，或者说前额皮层以及前扣带皮层就会被激活。

伟大的法国数学家亨利 · 庞加莱（Henri Poincaré）曾经这样描述他解决一个困难问题的方式：“一天早晨，我走在悬崖峭壁之上，那个想法出现在我的脑海中，简单、突然，而且立即得到肯定……最惊人的是突然的灵光乍现，这是长期以来无意识的先期工作的标志性证明。数学发明中无意识的工作起到的作用对我来说是不可否认的。”

让你的创意人才的头脑繁忙起来，确保他们的大脑中总有一些无意识的工作在进行。

38

学习创意性对话

如前所述，真正的创意人才的特征之一是智力优秀带来的某种程度的傲慢。乔布斯认为听他汇报的对象基本上就是一个傻瓜。（我当然也是其中之一。）

谁更聪明不是重点。我们不是在比赛。重点是帮助这些人疯狂地为你进行创意。要做到这点，最好的方法之一是：不要表现得像个傻瓜，尽你所能多去了解他们，学习他们在做的事情。最重要的是，学会用他们的语言说话。

换句话说，如果某人正在处理某种非常高级的知识技术，你至少应该能和他对话。比方说，如果他在开发新的软件，那你就有必要知道Python[①]和Unix之间的区别。这不意味着你要对这个主题有非常深入的了解，但它确实意味着你应该有能力问出一个不错的问题并且能理解答案的大部分。

① Python，一种面向对象的解释型计算机程序设计语言。——编者注

一旦经理成了学生，创意人才就获得了尊重。它让你的创意人才能略微炫耀一下，讨论他们知道的东西，证明他们有多么聪明——特别是证明给他们的上级看，因为在他们的脑海中，老板也许都有权有势但根本就不那么聪明。

真诚地表露出兴趣是对一个迷惑中的灵魂的拯救。你永远不可能做到像这些人做到的那么好。但是表露出一些好奇和一些知识会提升你在他们眼中的地位，你不再是个傻瓜而是他们在知识宇宙中的同行者。某人想要管这管那通常不怎么讨人喜欢，但如果某人愿意倾听和学习的话，就讨人喜欢多了。

39

思考玩具

只有人们觉得能自由地、以尽可能多的方式进行表达，创意才会得到释放。在雅达利以及很多别的公司，开会和进行别的聚会时总会提供玩具。比方说，设计公司IDEO（1980年为苹果设计了最早的一款鼠标）鼓励其员工玩玩具以激发想象力，并在办公室里放满自己设计的、被称为指尖弹射镖的玩具，或是带有橡皮筋扳机的、有点像弹射器的物体，它能飞30米高。

玩游戏、玩玩具、解谜不光是娱乐当下。它能以多种方式帮到员工和经理。诸如围棋和国际象棋这样的游戏迫使你训练你的大脑进行超前思考，遍历可能的后续走法，以超二维的方式进行思考。与此类似，诸如乐高这样的构建玩具能让你进行这样的练习：将很小的想法慢慢构建成某个庞大却唯一的东西。

哪怕像是水枪或者飞镖这样的玩具也会有用（当然玩的

时候要适度），它能让人重回孩提时光，这很重要。我们中不少人的创造力被训练夺走，创造力被认为太任性、太不合规矩了。在我们年轻时，成年人对我们说要修正自己，我们也照办，以至我们中的大部分人都没有意识到我们在这么做。

玩具让人们暂时忘记自我修正，用多年来被挤压的那部分大脑进行思考。玩具让你释放从你被告知要忽视的地方——比如你想象力最深层的那部分——冒出来的想法。

比方说，我发明的第一个游戏叫作《电脑空间》（*Computer Space*），为了实现这个游戏，我需要一个看上去古里古怪的橱柜。于是我坐下来，摆弄当时我最喜欢的玩具：橡皮泥。我加了一片木头，切出一些树脂玻璃作为屏幕，塑成我认为很酷的样子。它已经好到足以让我将它展示给我的伙伴泰德·达布尼（Ted Dabney）。他找到能将模型放大的人并用纤维玻璃去制作。3 周后，它成为一个电子游戏。我将它授权给纳丁公司，销售额达 300 万美元。授权费让我创立了雅达利。

在我的消费电子公司 Axlon，有一次我们一组人坐在会议室中聊着某个特别的玩具，试图定义它的某些特性。就在我们讨论的时候，我注意到桌子那一头有一位工程师正在用乐高积木构造这个东西。他只做出形状，尺寸也不是原来的，不过他从我们的讨论中获取了最基本的想法，并能够让我们有视觉感受。有人建议将顶部变得宽一些，很快所有人都开始用积木合作创造这个产品。

还有一次是在查克芝士，我对某人谈及一个项目，其中需要一个看起来像是森林的射击空间。此人有一套特种部队人物模型的收藏，然后他用热胶枪、黑胶带还有纸箱把它们粘在一起。我们有了一个精确到让人吃惊的仿制立体模型！甚至在我们开始制作之前，我们就知道这个项目一定会成功。

请让员工成为玩具收藏的自我管理者。如果公司完全掌控这一过程，就失去了其中令人吃惊和有趣的元素。但是公司可以开启这个活动：一开始可以在会议桌上放一篮子乐高积木。然后，添一些橡皮泥或者培乐多，加一些干净且容易操作、容易扔回盒子里去的玩具。允许人们在会后将玩具带回办公室摆弄。不要担心丢失东西，公司应该为需要补充篮里的东西感到高兴。要让玩具出现在大楼的各个角落。

不出所料的是，乐高这家位于丹麦的公司允许员工有权在其喜欢的时候玩具有标志性的本公司积木，甚至安放了展示台让员工能展示他们的创造。

40

压制唱反调的人

创意路上有不少障碍，但其中最有害的障碍之一就是“别人”。老话说得好：“好主意最后都落到了剪辑室的地板上。”那么一般而言，它们怎么会最终落得那个地步呢？因为其他人带走了这些好想法然后将其扔在了一边。

还有一句话，是哲学家让–保罗·萨特（Jean-Paul Sartre）说的：“他人即地狱”。这句话无须任何解释。

这些“他人”是些什么人？他们是那些“说不者”。不知为何，他们成功地渗透进每家公司，就像寄生在老房子里的白蚁。我很少见到哪家公司——包括我的公司在内——没有被这些人占到一定比例。诀窍在于不要让他们进公司。可如果他们已经开始寄生于你的公司，你需要找到并压制他们。

我们很容易找到那些“说不者”，因为他们就是那些阻止项目启动、压制创意、消耗想象力的人。他们因为自己在公司里脾气最乖戾而获得了权力和威势。他们假装出于公司利益做这做那（他们会说，必须有人当坏人）。但实际上，他们在任何时候都在说“不”，因为那是唯一一桩他们知道如何去做的事情，因为他们根本没有自己的想法。

事实上，他们一直能在公司生存下来是因为他们从来不会站出来，因此也只存活在完美过往的光环中。

如果你批准某个新的想法，那么不管你喜欢不喜欢，你就为可能的失败担起了某些责任。但要是你所做的一切不过是毙掉一个又一个项目，你总是能做到100%正确。你签署通过的东西永远不会失败，因为你从来不会签署任何东西。这不会让你变聪明，只会让你变成障碍。

在雅达利我们只禁止一个字：“不”。我不允许人们说这个字。随便哪个傻瓜都会说“不”，说“不”根本不用动脑筋。如果你不喜欢什么东西，那么关键就在于要想出更好的东西。

要是人们对某个新想法感到不舒服，我只会允许他们思考如何让这个项目变得更好，或者想出办法将他们的担忧变成激情。这个规定不光阻止了人们只是对项目说“不”，而且还强制形成一种合作解决问题的氛围。突然之间，哪怕是“说不者”也不得不找出方法变得有足够的想象力、创意和口才，将“不”变成“是”。

看着这群不安分的人试着变成解决问题的人让我觉得很有趣，因为他们意识到轮子已经开始转动了。我还发现，只要他们这群人中有一个被开除，其他人也会试着提供帮助。当然，他们一直以来都无所事事以至别无他长，只会说“不”。

注意：如点子 32 中所说，创意人才很少会是一个好的交流者。事实上，一个通则就是你那些会交流的人不一定有创意，而你的创意人才不会交流。花言巧语并不是智慧。经常会出现的情形是，经理对一个想法说“不”，只是因为试图解释这个想法的人不擅长沟通。在想法得到充分解释之前，不要因为经理说“不”而让伟大的想法消失无踪。

41

写下反对意见

纵观整个商业世界，每一天都有真正有创意的想法被无情地扼杀。每个想法都需要我们为之默哀片刻。如果没有好的想法，未来就不会以我们想要的方式展开——一个强大的未来不可能建立在薄弱概念的基础上。所以我们的目标是不让这些好的想法被扼杀。

要这么做，最好的方法之一比较简单：让人写下他们对想法的反对意见。为什么呢？因为用语言来扼杀一个想法太容易了。一旦面对一个新的想法，人们会认为他们有必要表达意见，而且他们总是会觉得批评而非表扬这个想法会让自己更舒服，这是人之本性。与表示认同相比，说“不”更容易。

更好的战术是要求那些人写下反对意见。如果他们写下批评意见（而且要附上名字），他们就被迫为其意见担起个人责任，他们认为项目不会成功的意见会被记录在案。如果项目得以开展而且很成功的话，那他们的预言能力就会被质疑。要是他们不说出自己的想法，他们总能说是别人听错了，又或者他们只是附和别人，给出什么别的借口。

为了提升创造力，你必须减少公司能说“不”的途径。在大多数的公司里，对项目成败有着最大权力的人往往是最不能对其理性分析的那些人。但如果他们要对其做出的批评负责，他们就不大会如此轻易地说“不”。

写下反对意见的另一个好处是，你能将意见进行传阅，让其他员工也能贡献自己的想法。同时，你迫使人们更加明确其想法。如果某个想法最糟糕的部分是它的费用，写下实际的数字会迫使人们做出更精确的预估，并让想法的提出者有机会在进行辩驳时更精确。

最后要说的是，如果人们迅速地说出自己的反对意见，那这些意见通常没有经过深思熟虑。压力在于说出来的行为，而不是要精确。书面陈述迫使人们准确地解释他们想说什么，而且需要合理的分析。

比方说，几年前我作为创意顾问进入一家公司。我甚至在帕哈楼沙丘城那里举办了一次创意聚会（见点子 26），认为它会和我之前在此地举办的聚会一样有成效。

事实并不如此。这家公司对创意的憎恶气氛已经浓到几乎可以从墙上滴下来。但不是每个人都是如此。我只用了一个小时就找到了有问题的经理（11 位员工中有 3 位）。如果这是我的公司，我当场就会把他们解雇了。

那不是我的地盘，于是我决定给他们设个陷阱。我发下笔和纸，让所有人列出他们对公司的哪些产品最有激情，对哪些最没激情。他们写下来后，我告诉他们，他们需要再写下他们应该如何做才能让项目更好，如果他们反对项目的话，他们需要写下应该如何调整使得项目能够成功。

我要他们做的是以最正面的方式开始创意，不要有任何摇摆的空间。

不少经理讨厌这个做法，但是想要雇用并培养创意人才的优秀经理非常乐意参与这个过程来创造一些新鲜而且美妙的东西。帮助改善一个想法和想出这个想法一样重要。

做好安排后，我给他们半个小时的时间写下问题和想法，其间不允许任何合作行为。同时我告诉所有人，我会到海滩上走一走，如果有人想和我沟通的话可以来找我。

三位“有毒的”经理都走了出来，请我给出进一步的建议和指导。坦白说，他们还想把我隔离出去。

如我所预期的那样，其他 8 位优秀的经理都给出了一些优秀的想法，三位“有毒的”经理除了垃圾之外没能给出任何东西。最令人伤心的是，这些“毒药”都占据了非常高的管理职位。这一点通常是真的，那就是这些人不擅长创意，却对办公室政治无比精通。他们能生存下来不是因为他们有想法，而是因为他们知道如何生存。“毒药”更在意的是什么对他们自己和他们的职业生涯有益，而不是担心公司的发展和前程。

当我们再次开会时，我对团队说，虽然不少建议都很不错，但还有一小部分很糟糕。我将我的讨论限定在最好的5个建议上。

然后我对团队说，在我们下次进行这样的练习时，我会向所有人读出最好的想法并且高声宣布作者是谁。取消匿名对那些没有创意的人来说增加了风险，他们最大的担心就是被当作“徒有其表”的经理，尽管他们实际上就是。

这一切就像是魔术。所有的“毒药”都令人惊奇地开始提供帮助，对小组的关注比之前更加密切——他们知道他们不再能简单地指手画脚，他们需要实实在在地在想出创意的过程中与他们的下属展开竞争。他们无处可藏。

我后来与这家公司的CEO交流时，提到了我在这些会议中用到的流程。他笑了笑并对我说，所有人都觉得那次休假棒极了——除了那三位“毒药”。

“说不者”和“毒药”

这两种人听上去很相似，但是这两类员工带来的是两种不同类型的麻烦。坏消息是有些人兼具两种类型。

“说不者”（见点子 40）会在分析之前就对提议加以拒绝。他们不想说“是”却喜欢说“不”。“说不者”是“按方抓药”的人—— 他们知道以往能起作用的公式，并在那样的框架中存活下来。他们只是不想改变。改变太危险了，阻止改变发生的最好方法就是尽可能多地说“不”。

举个例子：在将雅达利卖给华纳通信后，我发现自己周围都是一些说“不”的管理层，他们开始拆除雅达利的创意文化，终止任何与去年的产品线不完全一致的研究项目。这是最糟糕的“按方抓药”——这些人要的是已经成功的东西，而不是将来会成功的东西。

“毒药”就更危险且通常更难被识别。他们总是将公司每个可能的项目加以重构，使其变得对他们有利，对如此做是否有利于公司不感兴趣。如果公司垮了，他们根本不在乎。他们总是能找到新工作，因为他们一直在忙着写简历，与各方联络。他们不是在为公司工作，而是在为自己工作。“毒药”特别狡猾，尤其爱讲政治，有着精神错乱的潜质。要么让他们“康复”，要么将他们逐出公司。

42
将创意人才带进创意空间

雅达利还在蓬勃发展的时候，大部分美国城市会有两三个主要的分销商从事投币游戏行业，但产品线不同。游戏公司往往在每个城市有一个独家代理。也就是说，在芝加哥的雅达利分销商所在马路对面的那个家伙，总是在试着找到某个公司进入这个行业来和我们竞争。

当我们发现没有人站出来这么做的时候，我们想到，为什么不可以成为自己的竞争对手呢？于是我们建立了一家叫作Key Games的公司，它100%归雅达利所有，但其设立的样子像是我们的竞争对手。接着，Key Games的销售人员来到每个城市第二大的分销商那里并成为其游戏供应方。然后我们从工程部那里间隔地挑出一个游戏将它送到Key Games，于是Key Games很快就做得非常不错了。将雅达利和Key Games加在一起，我们获得了80%的市场份额。

这一获得巨大成功的想法来自在泡澡桶里召开的一次会

议。我当时刚招聘了一位新的市场总监，加上那天天气不错，我俩决定坐在我加州洛斯加图斯家里室外的泡澡桶里讨论市场问题。

有不少别的好主意都是我们把自己浸泡在这个放松又平和的环境中时产生的。

如今的工作场所做不到这点了，泡澡桶是 20 世纪 70 年代的产物。因此你要想出一个泡澡桶的替代物，让你的公司能沉浸其中。这可以是任何东西。比方说，对大脑的研究表明，如果你能一边走路一边说话，就可能想出新点子。或者，试试一边思考一边打扮：爱因斯坦曾经说过，他有很多伟大的想法都是在他刮胡子的时候冒出来的，因此他把剃刀放到脸上的时候必须非常小心，否则他被一个好想法惊到时可能会伤到自己。

1969 年，格式塔心理学家沃尔夫冈 · 苛勒（Wolfgang Köhler）进行了一次著名的演讲，讨论了创意的 3 个 B：公交车（bus）、泡澡（bath）、睡觉（bed）——这些都是经常产生创意性洞见的环境。[苛勒在特指 3 次著名的创意自发事件：泡澡说的是希腊哲学家阿基米德（Archimedes）发现了与浮力相关的物理定理，睡觉说的是德国化学家弗里德里希 · 奥古斯特 · 凯库勒（Friedrich August Kekule）在梦中找到了有关苯的结构的灵感，公交车说的是数学家庞加莱在车上提出了他最伟大的数学发现之一。]

在这3个场合，我也曾遇到好主意冒出来的情形，我不少同事也是如此。事实上，我发现只要让人四处走动，让他们在不同的环境下工作，就能让他们想出很多新的创意想法。因此，我经常带员工去滑雪，去海滩，去爬山，去任何我认为他们的思想会从此项体验中受益的地方。

对查克芝士而言，最重要的想法之一是这样得到的：我们意识到自身还没有创造足够多的东西，让那些小到还不能玩游戏的孩子玩耍——如果他们不开心，他们的父母就会离开，再也不会回来。因此我们想到了一个概念——建造一个放满爬球的游乐场。这个想法来自某天滑雪后的炉边闲聊。

我在太平洋中驾船航行时，在海图桌上写下了Etak（首家将世界地图加以数字化的公司）导航系统的商业计划书。我和我的朋友、工程师斯坦·哈尼（Stan Honey）一起航行，等待卫星导航修正——那时只有卫星正在你的头顶时你才能收到修正信号。（斯坦是个了不起的发明家。他最棒的一个发明是你在电视中看到的足球场上的那些虚拟线条——它们太真实了以至好多人认为这些线条真的存在于场上。）

从午夜到凌晨4点，斯坦和我一直在处理一些导航方面的问题，讨论陆上导航和海上导航的不同，以及让两者更简单的方法。船舱逼仄，灯光昏暗，我们喝着大量的咖啡，即兴讨论着新型汽车导航系统，最终我们解决了这个问题。我们的成果Etak导航仪是一个具有实际意义的、商业可用的汽车导航系统。我们同时做出了数字地图和地图软件，并在1989年将公司卖给了鲁伯特·默多克（Rupert Murdoch）的新闻集团。

很多别的公司也体会到了把它们的创意人才拉出办公室，来到更容易激发灵感的场所的好处。比方说，贺曼公司的专业创意部直到20世纪80年代都很繁荣，但从那时起公司的利润和创意都开始下滑。1994年的时候，它聘用了一位新的创意总监，他得到的命令是建立一个全新的创意链。他把部门所有的时间和资源中的30%交给员工去“充电”——他们可以休长假，去欧洲进行学术旅行，也可以用上班时间从事自己的爱好，或者只是跑到附近的某个农场新开的寓所闲逛。

这个方法很有效。贺曼公司做出改变后，净销售额稳步上升，从1994年的30亿美元提升到1997年的37亿美元。如今，这一私人企业运作着约41亿美元的生意。

不要强迫你的创意人才整天坐在桌子前工作。你让他们所处的环境越有趣、越有创意，他们就越有可能想出有趣且富有创意的点子。

43
为有钱人造东西

很多时候，人们带着最好的愿景启动了创意计划，但是会被一个立即出现的限制条件拖累。他们说他们想要制造了不起的产品或服务，但问题是：必须要让所有人都负担得起。

这似乎很合逻辑：如果你产品的价格让人望而生畏，你怎么能获得广阔的市场呢？因此，公司一旦进行计算，看到了可能的费用，可能会认定要是没有一个很大的商业市场就无法推动这个项目。于是了不起的想法就被扔在一边，只是因为所谓的“入场费”看起来太高了。

实际情况是，为有钱人造出了不起的产品和服务是很恰当的做法。很多成功产品在刚开始入市的时候是非常昂贵的。

因此，你可以试试另外一种方法。比方说：我做这个东西只是为了那些富人，因为他们有钱支付。如果你能这么想，你就从人们加诸创意上的一个主要的自我束缚中解放了出来。

实际情况是，项目最终可能会也可能不会让消费者支付你最初假定的那个价格。一开始看起来价格高昂的想法通常会变得价格适宜，因为团队越是了解一个项目，越是能找出削减成本的方法。

即使项目最终价格高昂，要记住的是创意之路通常要经由那些最富之人构成的社区。富人才是唯一能为第一台电话、第一架飞机、第一辆车、第一台电脑等东西埋单的人。富人总是在寻找新的产品，使得他们的生活更加简单、更加舒适、更有成效，创意人才就是要将这些东西发明出来。

如果产品确实很好，它的价格一般都会下降。过去那些价格吓人的东西如今都在大甩卖。以自行车来说：在 19 世纪 60 年代，巴黎一位名叫皮埃尔·米肖（Pierre Michaux）的铁匠开始销售带有脚踏的定制自行车，当时售价是 250 法郎的天价。他第一批客户中大部分都是贵族，直到 20 世纪早期，自行车还是那些有钱的年轻贵族的昂贵玩具，之后诸如西尔斯这样的百货公司终于找到方法，能够便宜地制造并销售自行车。（如果你在骑车的时候扯坏了衣服，那么你有一台缝纫机可以修补它会是件很幸运的事情。这么一台缝纫机的价格在 19 世纪对大部分人而言都是一笔奢侈的费用。它的售价是

125 美元，当时人们的平均年收入不过 500 美元。不过到 20 世纪中叶，85% 的美国家庭都已经拥有了一台缝纫机。）

类似地，由帕西 · L. 斯宾塞（Percy L. Spencer）发明并在 1947 年首次销售的微波炉足有 180 厘米高，重达 340 千克，看上去更像现在的冰箱而不是如今那么小巧精致的装置。它的价格折算到今天约等于 3 万美元，而且只销售给商业用户。哪怕是在 20 世纪 50 年代中期销售的一台模型，其价格可以折合成今天的 15 000 美元。如今，超过 90% 的美国家庭都拥有一台微波炉。

再举一个离现在更近一点的例子。IBM的华生电脑是一台价值 300 万美元的超级电脑，它能理解人类的语言并在 2001 年赢得了一场《危险边缘》的问答游戏。这台电脑如今被用来在健康产业中进行测试，帮助医学专业人士进行癌症的研究和治疗。但有一种说法是，过几年后IBM就能造出该产品的袖珍消费款，其价格只是如今几百万美元的零头而已。

造出一样东西，让中产阶级能表现得像富人一样，那它可能就会风靡一时。这就是无人车一定会成功的原因之一：中产阶级的驾驶人能同样享受拥有司机的待遇，在路边停下车后车子自己就会开走、停好。除了司机之外，所有人都会感到开心。

44

每时每刻都在改变

20世纪80年代，音乐家弗兰克·扎帕（Frank Zappa）觉得自己陷入了创意枯竭期，于是他想出了一个计划。他不再于每天早上固定时间起床，而是每天比前一天晚一个小时起床。这就意味着12天之后，他会在晚上8点起床用早餐，开始工作，凌晨1点左右吃午饭，差不多正午的时候去睡觉，次日晚上9点起床，以此类推。他说，这一行为模式帮他想出各种新鲜的点子。他怎能不以新的方式来看待事物呢？他全部的生活都是新的。

让你的创意人才去模仿弗兰克——当然不一定要改变他们每天的日程，因为这会让办公室稍微难管理——帮助他们改变生活的方式：尽可能地找到更多的方法，让他们的思想保持活跃和灵活性。鼓励他们每天上班走不同的路线，或者让他们走路、骑车、滑滑板来上班。让他们经过不同的街区，在不同的商店里购物，走过他们之前从来没有去过的地方，停下来和不同的人打招呼。请他们体验新品食物，在自己的字典里加入新词，试试新的眼镜架，穿着不同的服饰。不要再搞休闲周五，而是搞“穿着你从未穿过的服饰来上班”周五。让员工的工作时间变得奇怪。让他们疯狂地装饰自己的办公空间。告诉他们，要把椅子转过去，反过来坐在上面，重新放置电脑，躺在地板上。这个想法是为了让人们的大脑以尽可能多的不同方式工作，摆脱常规的桎梏。

高效人士的习惯少有创意性，极为循规蹈矩的人往往不会有原创的想法。他们试图过一种计划周详的生活。如果你想要的只是去执行，那么一贯性会是一个不错的特性。但如果你想要疯狂不羁、离经叛道、无拘无束的创意，那一贯性就是坏事。

就我而言，当我处在执行模式时，我会高度专注，依赖通过测试的路线。但处在创意模式时，我会尽可能地不控制自己：我改变我的工作时间，更多地成为一个在夜间工作的人，之后我的想法就会开始流动。

尝试进行所有这些改变，你真正要试着去做的是推动大脑经由不同的路径思考。大脑不愿那么做。因此，请为你的创意人才设计一种环境，让他们的大脑能更努力地工作，以不同的方式思考，进行有趣的发明。一致性越强，同一性就越大。改变越大，差别也越大。

45
掷骰子

1971 年，作家乔治 · 科克罗夫特（George Cockcroft）[笔名是卢克 · 莱恩哈特（Luke Rhinehart）] 发表了一本所谓的自传体小说《骰子人生》（*The Dive Man*）。文中描述了他如何利用骰子做出生活中的各个重要决定。虽然小说非常成功——BBC（英国广播公司）称其为 20 世纪下半叶最有影响力的 50 本书籍之一——但是用骰子来做重要决定的想法从来没有真正流行。（除非你算上探索频道最近的一个叫作《掷骰子的人》的节目，主持人在节目中用骰子来决定他们去哪里以及做什么。）

我认为掷骰子应该变得流行，靠掷骰子来决定你要做什么是个了不起的想法。为什么这么说？因为我们往往会自我选择日程却不知晓我们在这么做。比方说，如果你是那种列出待办事项的人，那么在对那张待办事项表做出反应时，你很可能在无意识中追随你一直以来的行事模式。也许你会优先处理那些很简单、你最感兴趣，或者你能找到别人来帮忙的事情。不管你怎么选择，这都反映了一种控制着你的生活的模式。

你没有意识到的是，我们往往会不断地做出同样的选择，陷入自己的惯性之中。这种惯性不会激发创意。惯性导致我们反复以同样的方式做同样的事情——这是一个恶性循环。

因此，我鼓励公司尝试时不时地用用骰子。如果你将骰子当作一个随机选择器，你会抛开个人意志得到一个与根据你本性选择时会得到的不同结果。

你还会发现，有一些任务推迟了，而你完全没意识到你这么做了。如果赋予骰子权力，你就再也不能拖延这些任务了。

我是这么做的：创建一张可能会有的日程的列表，给各项标号并对应着骰子的各面。然后掷骰子，如果骰子告诉我要做12号事项，我就必须做12号事项。我用的是我那套《龙与地下城》的骰子，因为它有20个面。这意味着我能在表中加入很多项事情，它们是我不怎么想做，或者之前从未重视的事情。有好几次，在我列下这些古怪的项目且骰子选择了它们后，我发现将它们做完对我的生活产生了令人吃惊又重要的影响。

这本书的存在也是掷骰子（决定做何事）的一个例子。

不久前，我决定要做些事情来锻炼大脑，让我能朝一个新的方向前进。于是我抓起骰子，写下各个选项：去高空跳伞，攀登乞力马扎罗山，在印度住一个月，去日本向一位大师学习我最爱的游戏（围棋），写一本书等。不用怀疑的是，不管骰子要我做什么，我都会去做。我掷到了“写一本书”这个选项，于是我就开始执行这个任务。

我喜欢掷骰子能达成的效果。我们的生活有那么多不同的路径，但我们对这些路径只是有着粗浅的认知。我们有必要去探索这些边缘空间。如果你神经不够坚强，无法这么做，你可以掷骰子，让它们打开你能力与兴趣的新境界。玩掷骰子的游戏会指数级地提升你生活的多样性。

46

回避流程

从长远来看——如果你运气够好，能走得长远的话——所有公司都会在流程和结果之间建立起某种平衡。这一情况与“无意后果原则”——善意的、目标明确的行为通常会得到完全意料之外的结果——是相符的。当人们开始做计划的时候，这个概念就存在了，但到20世纪才由社会学家罗伯特·K.莫顿（Robert K. Merton）加以推广。在当代的业务环境下，这个规则也可以表述为：你越是建立组织化的结构，你的流程就越有可能反生产力。否则世上所有的流程都会是有用且良好的。但事实并非如此。

如果你的公司采用这样一条规则：所有采购都必须由采购部门处理，那你可能给采购周期增加了5~30天时间。如果公司里某人急着要某个部件，她就不得不填好表格，等着表格在常规的流程里流转，却不能跑去商店或者上网用现金买下那个部件。

从另一方面来看，如果她通过采购部的同事购买该部件，她会得到较好的价格，因为采购部可能花费了很多时间与供应链讨价还价。可等她拿到部件，时间已经过去了两周。

必须要在创意和流程之间维持一个合理的平衡。如果买一支10美分的铅笔需要经过价值3美元的书面工作和5周的时间，那公司就无法运作了。

举个很合适的例子：某次我在雅达利进行每周例行巡视时，我发现某个产品来不及参加我们的秋季展销会了。每过一周，产品进度都会拖得越来越慢。我对这一延迟问题的原因进行了查问，发现是工程师搞坏了一个关键部件——一个价值15美分的部件。

我发现该部件是定量供应的，也就是说分销商无法提供超出我们常规采购量的部件。采购只是简单地下了订单然后等待——因为我们的新经理告诉工程师，他们必须通过采购部购买部件，不能有任何例外。新经理在无意之中所做的事情将项目拖延了两周以上，此时展销会已经迫在眉睫。与此同时，这些部件在街角的零售店就可以买到。

如果该部件是新部件，还没有作为常规采购被输入系统，情况会更加糟糕。此时的采购部可能会为批量采购陷入旷日持久的谈判中，之后才会提交该部件的订单，这就给新产品的原型开发增加了一个月的时间。

流程不是坏事，阻碍了成长的流程才是坏事。

不过，你在公司外部招聘经理的时候，潜在招聘对象的第一直觉就是模仿他们原来公司的流程。你必须将这样的想法灌输给他们：这些老的流程既无必要又无价值。不过这么做很困难，与放弃流程相比，人们想要植入流程的做法更为常见。

经理不是坏人，他们只是想用一种避免问题重复发生的方式解决问题。不幸的是，他们建立的流程会因过分精密而导致某些看不见的费用支出。如我们所述，通常为流程付出的代价是个人创意和速度的损失。通常，强制执行流程引发的费用支出要比期望流程本身节省的费用更高。

在雅达利，几乎所有我们从外部招聘的人都来自一个运作着更多流程的环境。于是，一旦这些新人想在我们的组织中插入更多的流程，我总会问：“为什么这会让我们的流程加速？”这个问题通常会让他们迷惑。他们总是能回答出它如何帮我们省钱，却很少能回答它如何能让事情进展得更快。

如今的市场要求速度，速度优于其他一切。不管你在市场部、生产部，从事服务行业还是别的什么行业，都是如此。考虑到创意和改变的步伐如此之快，如果你没有专注于速度，你将无法继续运作。没有速度的创意是没有用的。老旧的规则和标准运作流程无法激发创新。

47

随意浏览维基百科

我经常会听到公司对员工花费时间上网的不满抱怨。要关注你的工作！不要陷入互联网的陷阱！

这是不对的。

你的创意人才无法将所有的时间集中在你要他们解决的那个创意问题上。你越是允许他们的思绪进行漫游，他们创意的源泉就越可能流淌（见点子 36）。

要达到这个效果，最好的方法之一是鼓励他们在维基百科中随意浏览。维基百科是一个在线百科全书，存储了比世界上其他任何地方都要多的知识。请把它看作知识的词典。你在为想出一个词语挣扎时，会查查词典，找一个新的不同的词语。与此类似，维基让你在因一个主题挣扎时，去看看围绕该主题的新的不同主题。

假定你在思考某个市场项目要使用什么抽象艺术，然后你看到一个关于视觉语言的链接，这是你之前从未考虑过的。那会将你导向格式塔心理学，又将你导向控制论，下一步是人工智能。突然间，基于你在维基中浏览了随机路径后才想到的那些理论，你发现了一种新的方式来开展广告活动。

创意很少能像数字那样被量化。任何产品或者项目中会有多重因素加入，很多是显而易见的，但更多因素不是这样。如果我们在谈论量子力学，我们会说所有实体周围都有一团概率云。对想法来说也是如此。每个想法周围都有一团昭示可能结果的概率云并与想法的各个部分关联——可以是颜色、形状、功能、给你带来的感觉。

有时，那些最边缘的、在最外围的而非在中央的可能性才是最有启发性的。你会打开一个新的视角，从一个新的角度看项目。突然之间，之前从未看到的、通向完成的路径呈现在你眼前了。

要鼓励他们在维基中漫游，或者在任意哪个像这样的兔子洞中畅游，让你的创意人才打开所有项目周围的概率云。这么一来，你就能哄着他们去检视那些外围的可能性，鼓励他们用更开阔的视角看待手上的问题。

你自己可以这样试几次。随意漫游带来的想法具有的价值会让你感到吃惊。

在博物馆里随便走走

如果你运气好，离现实生活中维基的等同物——比如一家很大的博物馆——很近，你也可以在博物馆里随便走走。

我从乔布斯那里学到这个技巧。那是 20 世纪 80 年代的某一天，我正在纽约第五大道上走向惠特尼美国艺术博物馆。这时我看到乔布斯下了出租车。虽然我们都知道对方喜欢一个人逛博物馆，这样就可以自由地走走停停且没有任何压力，不过我们还是决定一起参观惠特尼博物馆。

很快我就发现乔布斯和我一样，都在现代艺术博物馆找到了好多创意灵感。我们都喜欢那些真正有想象力的作品，都讨厌那些我们认为是装腔作势的垃圾。我们的不同之处在于，乔布斯喜欢非常简明的东西，而我希望艺术更加复杂。和以往一样，吸引乔布斯的是优雅的简明。他说他希望所有员工会回到某个特别的房间，只因其中的艺术简单纯洁得如同艺术本身一样。

乔布斯还告诉我，他前一天拜访了大都会艺术博物馆，他的笔记本上记满了各种解决他一直在处理的某个产品的市场和设计问题的想法。我从来不知道是哪件艺术品的哪个特定之处激发了这些笔记。但我知道的是，在博物馆里随便走走能让每个人都受到启发。

48

不要依赖会计

创意人才总是抱怨会计部的人。大部分情况下，他们的抱怨都有很好的理由。你会时不时地碰到一位会计，他知道业务不光是数字。珍惜这样的人，因为他们太难找了。

更常见的情形是，会计人员对创意感到真心厌恶。这不是在指责他们的个性或者质疑他们与他人相处的能力，这不过反映出精打细算之人的目标：仔细管钱，小心花钱。他们对创意不感兴趣，只对投资的快速收益感兴趣。你可以尝试对一位会计说，你这个了不起的主意（最终）可能会为公司带来巨大的财富，只是你不知道究竟是在何时。你会发现这行不通。

一般来说，财务部对常规公司的控制力度超过了应有的程度。财务人员负责管线。除非他们点头，否则支票是无法签出的。有时他们有很好的理由拒绝，有时他们拒绝的理由很糟糕，有时他们什么都不说，因为他们没有拿到恰当的授权或者书面文件。此时他们什么也不对你说，你什么也等不来。

我注意到，以财务工作开启其职业生涯的人通常都是创意的“毒药”。他们凭借财务术语让自己庄严不可侵犯，在听完具体细节之前就喜欢以太昂贵或者有财务风险为由将新想法搁置。更常见的是，一旦公司有了问题，董事会就提拔CFO（首席财务官）。这通常不是一个好的方案。如果一切都围绕着削减费用进行，那么所有的新想法都会胎死腹中。

正因如此，如果真有那么一个团队最可能扼杀创意项目的进展，那就是会计部。（紧随其后的是采购部和人事部。）你需要做的只是为你的那个想法多花一些钱并使之成熟，而且要快点给钱才能阻止另一家公司将其推向市场。财务告诉你，预算要求在一年内停止所有付款。于是你输了。

我不是说你的公司不该有会计。会计还是应该有的，他们是机构中基础的部分。但要保证他们做自己的工作，创意人才做自己的工作，而且这两个部门在肩并肩地工作而不是相互抵触。如果会计阻挡了创意，你公司的未来就完了。

我对会计的建议是：所有新项目都有财务风险，习惯就好。请想出方法测试并减少那些未知项，让创意的泉水流淌，以出乎意料的方式来解决问题。

49

创造随意的假日

只要某种公司文化存续，就会产生一个奇怪的问题。鉴于有些公司会抱怨它们的员工工作不够努力，成功通常会创造出这样的情形：员工工作得太努力了。虽然这听上去不像是一个问题，但这确实是个问题。成功通常创造出这样的文化：人们感到被逼着去创造成功以及更多的成功，然后随着公司以招聘努力工作的人而越来越为人知所，公司还会要求更多的成功。

如果人们工作太努力，他们就会疲乏、犯错、不再沉着。

他们也会失去洞察力——一种将大问题和小问题分离出来的能力。每件事情看上去都至关重要，这就造成了他们的紧张和焦虑——这是创意的大敌。

最重要的是，创意人才之所以与别人不同是因为他们有着异乎寻常的判断力。但判断力是一个精细的工具，将其与睡眠、食物以及平和的心境相配合才能将工作做到最好。

你应该不想让你的创意人才失去判断力。对过劳的公司来说，发生“疲劳性近视”是最糟糕的。

通常情况下，在经过展销会或者一段特别难熬的工作时期后，我会提前几天宣布，下周一或者周五公司歇业。员工确实放了一天假，他们很喜欢这样的假期——喜欢程度超过那些我们计划安排中的假期——因为它们来得出其不意。为了给这件礼物加上一些奇妙之处，我通常假装它与某个英雄的生日相关联，然后宣布大家那天放假去庆祝（比方说）帕斯卡的生日，还建议所有人都去了解一下此人。

还有别的方法让你的创意人才感到意外和高兴。有一次我租了一架波音 727 飞机，把所有人带到了迪士尼乐园。这是一次机会，让大家有一天时间忘记自己是成年人并像个孩子一样互相沟通。他们玩得很开心。

如今，各家好公司相互竞争，找到方法来让它们的创意人才开心、有精神。很多硅谷公司包下一家影院，在电影上映日之前的午夜来一场首映。Imagination Publishing 是一家位于芝加哥的内容营销中介，它随机在周五给全公司放假，并以员工意想不到的邮件进行通知。去年秋天的一个周一，那家公司让员工提前几个小时下班，这样他们就能回家看芝加哥熊队的比赛。别的公司直接让员工创立自己随意的假期。比如说内容供应商网飞公司给员工带薪无限假期（而且将生产力提升和工作与生活间平衡的改善归功于这个做法）。大约 1% 的美国公司建立了无限休假的政策。

要有创意。只要有这样的想法，就发明一些假日。要让这些假日针对你的业务：如果你是一位广告代理，而且你的广告被广为传播，那就让大家放假。如果你在技术行业，可以考虑少赚点钱或者大甩卖，让所有人都分享喜悦。

50
糅合在一起

1977 年深秋的一天，雅达利出现了一个大部分人会嫉妒的问题：业务太多了。由于我们没有足够的夜班工人去处理圣诞节的紧急订单，我们决定两周内所有员工都多做一些超出本职工作范围的工作。计划是这样的，所有人在下午晚些时候上班，用一个小时做完他们需要做的工作，然后在生产线上做夜班工作。

最终的结果是，这两周不光非常有趣，而且帮助我们改进了产品。第一次上生产线的工程师能看到他们的想法如何得到实际的装配。比方说，如果一个螺丝需要转 3 圈以上才能上紧，这是很没有效率的，但工程师发现有些螺丝需要转 10 圈甚至更多。他们修正了这个问题并另外做出了其他 150 处改变。同时，基于他们在生产线上学到的东西，销售人员学到了很多销售产品的新方法，并提升了销量。会计一如既往地尖刻，他们找到了省钱的新方法。

所有人都学会了对生产过程表示感谢，因为管理层在一班中只能生产出线上工人70%的产品量。有些管理层曾认为线上工人都是游手好闲之徒，但他们很快认识到工人开发出了一套非常经济的动作，他们怎么也想不出如何重现。所有人都获得了他人的尊重，创意大增。

由于这次实验如此成功，我也在别处加以重演。比方说在查克芝士，所有人刚进公司的时候必须至少花3天时间（有时会长达一周）学习制作比萨，之后是每年一次。

试试这个方法。让你的创意人才与销售人员一起去现场。邀请你的会计参加创意会议。把你的经理送到某个偏远地区的分销商那里或者一个业绩不佳的前沿阵地去。奥斯卡 · 迪斯特尔（Oscar Dystel）是书籍出版业史上最伟大的书商，他曾要求班塔姆图书公司的编辑应销售部门要求一起出差，这能拓展编辑对市场的感觉，也让销售人员有机会告诉编辑，他们对编辑做出的选择有何想法。

51
去睡觉吧

睡觉：人类本身最基本、最重要、研究得最透彻的功能，也是被职场忽视最多的一件事。

人们应该在白天清醒，然后在晚上睡 8 个小时的想法是很现代的，是随着那些计时精确、注意时间的老板以及床垫行业的发展出现的发明。在人类历史的大部分时间里，我们实际上是多相睡眠者：在 24 小时的范围内进行多次睡眠。直到最近，人们还至少是双相睡眠：在午间打个盹儿，然后晚上再入睡。

是的，我们每天都应睡 7~9 个小时，但不一定在一个区间完成。只要在 24 小时周期内完成就行。

我的感觉是，我们都应该在下午某一小段时间睡一会儿，为的是得到最大的生产力和最清晰的思路。不少日本公司一直提供设施让员工打盹儿。在美国，那些思想前卫的公司设立了午休室并简单地配置了垫子，为想要打盹儿或者那些想在晚上待到很晚——或者待整晚——而且需要一个地方休息的员工提供一个昏暗的空间。诸如思科、宝洁以及谷歌这样的公司甚至购置了EnergyPods——一个特制的躺椅，带有屏蔽噪声和光线的装置——因此员工能在需要午睡的时候睡一会儿。

我曾提过，乔布斯带了一个日式床垫来上班，我也经常发现他在工作台底下睡觉。我不少别的创意员工表现得很好的原因是：我允许他们在身体需要睡觉的时候睡觉，这样好过听从工作时间要求。

需要一些证据吗？《自然》（*Nature*）杂志2004年发表了神经科学家乌尔里克·瓦格纳（Ullrich Wagner）和简·博恩（Jan Born）得出的一项研究结果，他们发现随机片段的快波睡眠将人的问题解决能力提升了40%。加州大学圣迭戈分校的睡眠专家萨拉·梅德尼克（Sara Mednick）和其他人在2009年进行的研究结果发表在《美国国家科学院院刊》（*Proceedings of the National Academy of Sciences of the United States of America*）中，其中也得出了类似的结论。另外，最近的一项NASA（美国国家航空和宇宙航行局）研究表明，打盹26分钟提升了一位飞行员34%的表现。还想要更多的证据？用谷歌搜索一下

“睡眠和生产力”：你会得到约 100 万个结果。

因此，为了保证所有的创意人才做到最好，你需要的是：床、床垫、昏暗的房间、眼罩、耳塞。那人们需要多长的打盹儿时间呢？个人的睡眠需求是不同的。但是睡眠有 5 个阶段：第一阶段、第二阶段、慢波睡眠（包括第三阶段和第四阶段）以及第五阶段的快波睡眠。打盹儿的话应该至少要进入第二阶段，这个阶段负责提升机敏度并且在睡眠周期早期（也就是第一阶段睡眠）进行 2~5 分钟后出现。要经过这个阶段，你必须睡更长的时间。慢波睡眠在 20 分钟后出现，有助于提升记忆和感知能力的快波睡眠要很晚才出现（一整个睡眠周期需要大概一个半小时）。

我希望本书还没有让你昏昏欲睡。但要是现在时值正午，你觉得想睡觉也许不是一件坏事。

结论

“预测未来最好的方式就是去创造它。”
——计算机科学家艾伦·凯（Alan Kay）

如果你能修正公司的官僚体系，如果你能流水化你的创意链，如果你能建立奖励创意，剥夺“说不者”权力的工作空间，如果你能举行庆祝活动，如果你能玩玩具，如果你能遵照本书中其他的点子，你也许正在创造一个培植创造力的工作空间。在这样的情况下，下一个史蒂夫·乔布斯也许已经在申请你公司的某个职位了。

也许你甚至发现，下一个史蒂夫·乔布斯已经在为你工作了——虽然说如果是这样的情形的话，更大的可能是他们在你公司的层级之下凋零，他们的灵感被你的管理团队摧毁，因为后者缺少对其想法的支持，担心因为冒险而被解雇……

如前所述，光是找到下个乔布斯并雇用他还不够，你必须创造一种环境让他们活跃，然后你的公司才能发展繁盛。

我们都记得，史蒂夫所在的苹果公司董事会最终解雇了他。理由是什么？那些人认为他们无法控制那些疯狂的乔布斯项目。因此，哪怕是乔布斯也输给了那些理应更成熟的苹果公司管理者。苹果公司很快衰败，直到乔布斯再次加入才将公司带向成功。

如果你能遵守本书中的众多点子，你就走在了自己的成功路上。但是，还有最后一个点子需要牢记。它很简单：

行动！

每个冲过凉的人都曾有过一个好主意。重要的是你在冲完凉后对那个主意做了什么。所以，如果你从这本书中只带走一件东西的话，那就是这个：你必须行动！做些什么！有太多人读书、听演讲、参加研讨会，然后毫无改变地回到自己的生活。如果这是你对本书的反应，那我就失败了。因为只是懂得必须找到、雇用并培育创意人才是不够的，你必须实实在在地走出去并且这么去做。

你和你的公司每天都在和未来作战——眨眼间，你的竞争对手可能突然向前走出大大的一步，你却在奇怪发生了什么。眨眼间，你的竞争对手可能夺走了你的市场，你再做什么应对都已经太晚。未来可能从任何方向向你跳过来——你认为诺基亚或者黑莓曾经想过本公司的业务会被一家位于加州、以一种水果命名、之前从来没有进入过手机市场的公司摧毁吗?

你必须面向未来,而不是过去。如果你真的很有创意,你能实实在在地帮忙描绘出那个未来。有创意意味着让未来发生得更快,而且还能对其有某种程度的控制。

所有以创意闻名的公司都采取了行动。它们做事情——并且是很多事情。如果你想要一个好主意,那很好,你会有大量的好主意。但如果你想成功,就尽你所能对尽可能多的想法采取行动。有些想法会失败,但这个世界很快会将它们忘却,成功的那些主意会改变你业务的轨迹,将你带向新的高度。

这是我最崇拜的乔布斯本人的特征:采取行动。事实上,他从未停止行动。他一直在抓住新想法,将新的概念付诸实践,寻找“下一个大事件”。苹果公司的成功有不少功劳要归于他的疯狂行动。

事实总是如此。比方说,在20世纪80年代早期,我邀请乔布斯来到查克芝士看看我们的一些研究项目。我们刚刚启动了Kadabrascope部门对计算机辅助动画进行调查。部门里有几位软件工程师和几位动画师在一台VAX 11–750（当时很热门的小型机）上工作。乔布斯对该项目很有兴趣，我们花了好几个小时讨论计算机辅助动画的未来，虽然我们知道自己离这个目标还很远。

VAX 11–750用的是Unix操作系统。后来乔布斯将Unix系统放入了他的NeXT个人电脑，正如点子31中所说，Unix能运行多个软件程序。

若干年后，就在圣诞假期之后的不久，乔布斯出现在了我伍德赛德的家中。他想更多地聊聊计算机辅助动画——这是我们多年前一段对话的延续，这表明了他的关注点所在。他特别好奇的是我对卢卡斯公司里那个叫皮克斯的部门，也就是对它的动画技术有什么想法。

我告诉他说，我们正面临突破点。在这个点上，技术已经就绪并可以在更大规模上用于商业，但还是有风险。毕竟还没有人在动画长片上成功地使用基于计算机的动画。我预计，一旦有人成功，这项技术就会成为主流技术。

乔布斯回答说，从他离开苹果（当然是临时的，我们上面已经提到了），他就一直对皮克斯在这个领域的工作感到着迷并在考虑投资这家公司。我告诉他，他对这种事情的嗅觉是相当灵敏的，他应该做他一直做的事情。“行动！”我说道，“然后再解决随之而来的问题。”

他向我表示了感谢，然后我们开始聊别的事情。没过几个月，我发现他采取了行动，他对皮克斯进行了一次重大的投资。

过了一段时间，我收到前往旧金山参加电影《玩具总动员》的首映的邀请。在随后举行的宴会上，我们谈到这个动画技术有多么美妙。

“干得好，乔布斯。”我说道。

他笑了。“我行动了。”他说，然后走入了人群。

致谢

- 我一生中得到太多人的帮助，这里确实没有地方将他们一一列出。但我还是想列出下列人士的名字，感谢他们给予的帮助。
- 我太太南希，她一直是一股让我冷静的清泉，没有她，我的生活会乱成一团。
- 我的父母，他们允许我在家里的屋顶上安装了一个红白条纹的天线。
- 我的孩子们，他们让我保持年轻，以他们自己的方式推进着创意的极限。
- 阿莉莎，我的大女儿，也是我见过的最棒的公共事务专家。
- 我三年级的老师库克女士，她用放在壁橱里的魔幻科学盒子让我走上了我的道路。
- 鲍勃·诺伊斯，我的导师。

- 艾尔·奥尔康，游戏*Pong*真正的发明者。
- 史蒂夫·梅耶，2600机器的首席架构师。
- 麦克·哈彻（Mike Hatcher），查克芝士所有表演的制作人和木偶操线人。
- 我的姻亲，感谢他们多年来坚定不移的支持和情谊。
- 彼得·斯普拉格（Peter Sprague），我荣辱与共的老朋友。
- 泰德·达布尼，我希望找到的最好的创业合伙人。
- 蒂姆·桑德斯，他是全新的出版界中最好的引路人。
- 还有所有那些对我的研究提供帮助的人，包括尼克·布罗姆利（Nick Bromley）、马特·柯金斯（Matt Corkins）、远藤彻彦（Tetsuhiko Endo）、西蒙·格巴尔（Simon Geballe）、迈克尔·平凯拉（Michael Pinchera）、亚当·雷恩（Adam Wren），还要特别感谢米兰达·斯潘塞（Miranda Spencer）。
- 最后要感谢吉恩·斯通（Gene Stone），他有一种了不起的能力，能将我乱七八糟的想法变成优美的文字。

69页中问题的答案

1. 三位女子是选美比赛的决赛选手，冠军刚刚宣布。

2. 这些数字以其英文拼写的字母顺序排列。

3. 年份是公元前的而不是公元后的。

4. 他保持住的是他的呼吸。

5. 多萝西。她的朋友们是胆小狮（动物）、稻草人（植物）和锡皮人（矿物）。